GROUP

中国建投 ｜ 远见成就未来

中国建投研究丛书·案例系列
JIC Institute of Investment Research Books · Case

挖掘价值
中国直接股权投资案例

Digging Value:
Case Study of
China's Direct Equity Investment

中国建银投资有限责任公司投资研究院 / 主编

社会科学文献出版社
SOCIAL SCIENCES ACADEMIC PRESS (CHINA)

总　序

一千多年前，维京海盗抢掠的足迹遍及整个欧洲。南临红海，西到北美，东至巴格达，所到之处无不让人闻风丧胆，所经之地无不血流成河。这个在欧洲大陆肆虐整整三个世纪的悍匪民族却在公元 1100 年偃旗息鼓，过起了恬然安定的和平生活。个中缘由一直为后人猜测、追寻，对历史的敬畏与求索从未间歇。2007 年，维京一个山洞出土大笔财富，其中有当时俄罗斯、伊拉克、伊朗、印度、埃及等国的多种货币，货币发行时间相差半年，"维京之谜"似因这考古圈的重大发现而略窥一斑——他们的财富经营方式改变了，由掠夺走向交换；他们懂得了市场，学会了贸易，学会了资金的融通与衍生——而资金的融通与衍生改变了一个民族的文明。

投资，并非现代社会的属性；借贷早在公元前 1200 年到公元前 500 年的古代奴隶社会帝国的建立时期便已出现。从十字军东征到维京海盗从良，从宋代的交子到曾以高利贷为生的犹太人，从郁金香泡沫带给荷兰的痛殇到南海泡沫树立英国政府的诚信丰碑，历史撰写着金融发展的巨篇。随着现代科学的进步，资金的融通与衍生逐渐成为一国发展乃至世界发展的重要线索。这些事件背后的规律与启示、经验与教训值得孜孜探究与不辍研习，为个人、企业乃至国家的发展提供历久弥新的助力。

所幸更有一批乐于思考、心怀热忱的求知之士勤力于经济、金融、投资、管理等领域的研究。于经典理论，心怀敬畏，不惧求索；于实践探索，尊重规律，图求创新。此思索不停的精神、实践不息的勇气当为勉励，实践与思索的成果更应为有识之士批判借鉴、互勉共享。

调与金石谐，思逐风云上。《中国建投研究丛书》是中国建银投资有限责任公司组织内外部专家在瞻顾历史与瞻望未来的进程中，深入地体察和研究市场发展及经济、金融之本性、趋向和后果，结合自己的职业活动，精制而成。该丛书企望提供对现代经济管理与金融投资多角度的认知、借鉴与参考。如果能够引起读者的兴趣，进而收获思想的启迪，即是编者的荣幸。

是为序。

张睦伦

2012 年 8 月

编辑说明

中国建银投资有限责任公司（以下简称"集团"）是一家综合性投资集团，投资覆盖金融服务、先进制造、文化消费、信息技术等行业领域，横跨多层次资本市场及境内外区域。集团下设的投资研究院（以下简称"建投研究院"）重点围绕国内外宏观经济发展趋势、新兴产业投资领域，组织开展理论与应用研究，促进学术交流，培养专业人才，提供优秀的研究成果，为投资研究和经济社会发展贡献才智。

《中国建投研究丛书》（以下简称《丛书》）收录建投研究院组织内外部专家的重要研究成果，根据系列化、规范化和品牌化运营的原则，按照研究成果的方向、定位、内容和形式等将《丛书》分为报告系列、论文系列、专著系列和案例系列。报告系列为行业年度综合性出版物，汇集集团各层次的研究团队对相关行业和领域发展态势的分析和预测，对外发表年度观点。论文系列为建投研究院组织业界知名专家围绕市场备受关注的热点或主题展开深度探讨，强调前沿性、专业性和理论性。专著系列为建投研究院内外部专家针对某些细分行业或领域进行体系化的深度研究，强调系统性、思想性和市场深度。案例系列为建投研究院对国内外投资领域的案例的分析、总结和提炼，强调创新性和实用性。此外，《丛书》还包含具有随笔类特性的书籍。希望通过《丛书》的编写和出版，为政府相关部门、企业、研究机构以及社会各界读者提供参考。

本研究丛书仅代表作者本人或研究团队的独立观点，不代表中国建投集团的商业立场。文中不妥及错漏之处，欢迎广大读者批评指正。

目　录

第三章　重组与合并

第四章　海外收购

绪　论

作为一种古老而新兴的投资方式，直接股权投资不仅实现了资金供给方和需求方的对接，给投资者带来了丰厚的回报，而且拓宽了企业融资渠道，促进了被投资企业及相关产业的转型和发展。在经济全球化的今天，股权投资早已在国际资本市场"呼风唤雨"，其创造出的经济效益更是难以估量。随着资本市场的建立和完善，在我国也出现了专门的股权投资机构并迅速发展，在推动我国企业转型升级中发挥了积极作用。同时，一些有远见的投资机构已经"走出去"开展海外股权投资，在国际市场掀起了一股"中国投资风"。但我们也应该清醒地认识到，我国股权投资尚处于起步和探索阶段，仍存在许多问题和障碍。我们应该认真研究已有的股权投资案例，总结经验教训，促进我国股权投资事业更加健康、稳定、持续地发展。

一　中国股权投资方兴未艾

早在 1991 年，就有外资股权投资基金到中国探路，但大部分都处于观望状态。1992 年，IDG 在波士顿组建太平洋中国基金，成为外资 VC 进驻中国的第一梯队，随后华登国际、汉鼎亚太、中国创业投资有限公司和美商中经等也进入了中国。1995 年，我国通过了《设立境外中国产业投资基金管理办法》，鼓励国外风险投资公司来华投资。1995 年到 2004 年，很多风险投资机构进入中国，如凯雷、KKR、红杉等或直接进入，或在中国设立办公室。与此同时，中国本土的私募股权投资机构也如雨后春笋般涌现，但由于缺少相关政策法规和监管，中国私募股权投资出现了野蛮生长的状况。

随着 2005 年初我国资本市场股权分置改革的开始和 2006 年《合伙企业法》的修订，私募股权基金有了良好的发展环境，开始了一定程度的加速发展。2007 年，私募股权基金募集到可用于投资到亚洲市场的资金额达 355.84 亿美元，同比增长了 152%。私募股权投资机构在中国大陆地区投资规模已达到 128 亿美元，投资案例共计 177 个。另外，新《合伙企业法》的实施也为国内私募股权基金的发展提供了坚实的法律基础。2008 年，金融危机席卷全球，中国私募股权投资市场受到了一定程度的影响，仅有 155 个私募股权投资案例，同比减少 22 个，投资总额达 96.06 亿美元，下降达 25%。

2009 年，中国私募股权基金 IPO 退出渠道改变，私募股权投资收益变得更为可观，从而掀起一片本土企业海外上市的热潮，私募股权投资基金迅猛发展。根据清科研究中心报告，2010 年私募股权基金成功募集到可用于投资中国大陆市场的基金数额达 276.21 亿美元。2011 年并购交易总量

同比增长了 5%。但是由于海外 IPO 的限制逐渐增加,中国企业海外 IPO
降至冰点,使私募股权基金海外上市的退出也愈加困难,国内资本市场同
时出现疲软,2012 年私募投资总额与股权投资案例数同比分别下降 31% 和
32%。2013 年私募基金资金募集市场有所回暖,私募基金交易金额达 350
亿美元,较 2012 年出现显著增长。

　　随着相关政策法规的不断完善,中国私募股权投资市场规模呈现快速
增长的态势,无论是基金募资、投资还是退出,中国 PE 市场都急剧扩张。
2016 年,中国私募股权投资案例 1361 个,投资总额达 493.64 亿美元。另
外,在私募股权投资基金手中拥有了大量待投资资金,其中 VC 待投资
6000 多亿元,PE 市场待投资 14000 多亿元,整个 VC/PE 手中的资本存量
超过 2 万亿元。截至 2016 年底,国内股权投资机构已经超过 1 万家,管理
资本量超过 7 万亿元人民币,2016 年新募集基金总金额为 1.37 万亿元。
目前,中国已经发展成为仅次于美国的全球第二大股权投资市场。

二　股权投资市场的发展趋势和演变

　　现代意义上的私募投资起源于 20 世纪 40 年代的美国,当时美国出现
大量中小企业,这些中小企业很难获得传统金融机构的资金支持。在这种
背景下,波士顿联邦储备银行行长拉尔夫·弗兰德斯和被称为"创业投资
基金之父"的乔治·多里特共同创办了"美国研究与发展公司",目标之
一是设计一种"私营机构",以解决中小企业的"融资缺口"问题,同时
希望这种"私营机构"为中小企业提供长期资本与管理服务,这样"创业
投资基金"随之形成。20 世纪 50 年代,美国的私募股权投资还没有发展
成一个真正意义上的行业,只是对个别项目进行投资,对整体经济的影响
力不大。

20 世纪 70 年代，有限合伙制的出现解决了小企业投资计划（SBIC）的很多内在缺陷，例如对某些投资限制的规避，对投资经理的激励问题等。1969 年至 1975 年，美国大概有 29 家有限合伙制的私募股权基金建立，募集了 3.76 亿美元的资金。1973 年，美国全国风险资本协会成立。20 世纪 70 年代，英国开始允许金融机构投资私募股权基金，欧洲其他各国相继放松对私募股权投资的管制，允许银行和保险公司等机构进入私募股权投资行业。然而，20 世纪 70 年代中期世界主要国家股票市场的萎靡不振，使私募股权投资的退出渠道受到严重影响。私募股权投资机构不愿意再将资本投入新的项目中，私募股权投资发展暂时进入了低谷，投资对象由创业阶段公司开始向创业后期公司转移。

20 世纪 80 年代到 20 世纪 90 年代中期，随着全球杠杆收购的兴起，私募股权投资获得了快速发展。1979～1989 年，全球个案金额超过 2.5 亿美元的杠杆收购案例超过 2000 个。20 世纪 80 年代，杠杆收购成为获利最高的投资模式，吸引了大量私募股权投资机构与私募股权投资者。其间，私募股权投资的另一个重要变化是有限合伙制成为了私募股权投资的主要组织形式。20 世纪 80 年代末，同时投资于并购资本和夹层资本的私募股权投资基金开始兴起。随着投资机会的变化，私募股权资本的投资对象也随之改变。许多杰出的并购企业将其业务扩展为行业内的并购，且同时投资于出版、电视电缆、广播和基础建设等行业。从 20 世纪 90 年代起，非创业风险投资倾向于投资私募中端市场，1991～1995 年有高达 560 亿美元投资于私募中端市场。

从 1997 年东南亚金融危机至 2000 年美国网络科技股泡沫破裂的一段时期内，美国部分私募股权基金出现运营危机，私募股权投资基金一度陷入低迷。2001 年以后，私募股权投资基金的发展重新加速，行业也逐渐走向成熟。2006 年，美国三大证交所公开发行股票的筹资总额为 1540 亿美元，而通过 144A 条款私募发行股票的筹资总额却高达 1620 亿美元。2007

年上半年，全球私募股权基金共筹集 2400 亿美元资金，全年总额超过
2006 年（4590 亿美元），而私募股权投资基金的高回报率吸引了越来越多
的机构或个人投资者跟进，合伙人队伍也日益壮大。

我国的股权投资市场起步较晚，但是后来居上，其规模目前已经位列
全球第二。同时，中国私募股权投资市场已经开始从"量"向"质"转
变，呈现如下发展趋势。

一是投资多样化，并购投资发展迅速。随着监管政策的促进、上市公
司自身业务整合的需要，上市公司参与设立并购基金并投资的领域进一步
拓宽、加深。在我国股权投资市场上，并购投资方式发展迅猛，并购的对
象也已不限于国内，海外并购的案例比比皆是，并取得了很大成功。并购
私募股权投资基金常见的运作方式是并购企业后，通过重组、改善、提
升，实现企业上市或者出售股权，从而获得丰厚的收益，经常出现在 MBO
和 MBI 中。并购股权投资基金一般采用非公开方式募集，销售和赎回都是
基金管理人通过私下与投资者协商进行，投资期限较长，通常为 2～5 年。
投资标的一般为私有公司，且与 VC 不同的是，并购基金偏向于已形成一
定规模和产生稳定现金流的成形企业。

二是互联网等新兴行业受到机构追捧。随着中国在人口红利、流量红
利和第一代互联网技术红利上的优势逐渐丧失，股权投资将重新关注核心
技术创新带来的价值。中国经济进入新常态之后，中央提出推进供给侧结
构性改革，让金融助力实体经济发展，推进"互联网＋"行动计划，加快
互联网与传统产业的融合，这为工业自动化、高端制造、智能制造方向的
公司创造了一个巨大的市场。未来以大数据、云计算、物联网、区块链等
为代表的新一代互联网技术将获得巨大发展和广泛运用。股权投资的领域
也正在从传统行业向以互联网为代表的新兴行业转变，尤其是移动互联网
技术成长快，受到股权投资基金的热烈追捧。

三是投资资金来源多样化。私募股权投资基金的投资期限非常长，因

此其资金来源主要是长期投资者。一般来说，私募股权投资基金的资金大量来自于其主要投资地域的机构投资者。目前我国私募股权投资基金的出资人主要还是一些私营企业和富裕的个人，而在国外成熟市场条件下，私募股权投资基金的资金来源主要是机构投资者，包括养老金、证券基金，以及金融机构、保险机构等。随着相关政策及法规的完善，我国股权投资基金的资金来源将呈现多样化发展的趋势，未来将会有更多的机构投资者、政府资金、养老基金、保险资金等进入股权投资市场，助推我国股权投资市场的蓬勃发展。

四是市场竞争激烈面临洗牌。随着越来越多的资金进入股权投资行业，我国私募股权投资行业长期存在的同质化、功利化和高估值化的倾向也越来越明显。由于创业板上市股票估值通常被炒到百倍以上，资本市场泡沫使未上市企业对估值抱有极高的幻想。一级市场上的项目估值从原来的 8～10 倍市盈率，一路涨到 15 倍乃至 20 倍；而一些短期资金更是一窝蜂地涌向短期内可以上市套利的上市前项目。这在很大程度上说明了"全民 PE"的暴利时代已经结束了，一些撑不下去的股权投资机构将逐渐退出市场，而一些有能力的 PE 机构将存活下来并逐渐做大做强，中国 PE 市场正在面临洗牌。

三　股权投资对中国经济转型升级的推动作用

美国经验表明，私募股权市场和私募股权投资基金为创新型企业的发展和企业的并购重组提供了巨大支持，已经成为仅次于银行贷款和 IPO 的重要融资渠道。中国经济已经进入新常态，发展股权投资基金不仅可以给新兴产业提供资金，激活中国的金融投资市场，还有利于国有企业的改革，促进中国产业结构调整和经济的转型升级。

（一） 有助于提升企业的整体素质

我国是一个以间接融资为主的国家，企业的资本金投入严重不足，企业融资来源主要是银行贷款。随着我国资本市场的不断完善和法律制度的日趋健全，尤其是 2004 年中小板和 2009 年创业板的成功设立，促使 PE 作为一种不可或缺的投融资方式开始快速发展，并成为继银行借贷和 IPO 之后的第三大融资方式。据中投集团发布的创投报告显示，2008～2013 年，中国私募股权投资市场投资规模越来越大，平均单笔投资金额逐年增长，投资案例数也呈持续上升趋势。与银行贷款融资不同，股权投资者不仅提供资金，同时还参与企业的经营管理，并且私募股权投资机构参与企业管理时间越长、参与程度和监管力度越大，对被投资企业价值的影响也越大。投资期限较长的 PE，能更好地对被投资企业的经营活动进行深入了解，他们不仅可在运营过程中积极参与，还会提供更多增值服务，也更有能力去改善被投资企业的经营策略并获取收益。另外，相比持股比例小的 PE，拥有较大持股比例的 PE 对企业资本结构和公司治理的影响更大，对薪酬激励机制的制定和管理层监管制度的完善更为有效，对员工的激励和监督效果也就越好，进而能更好地提升企业价值。

（二） 有助于推动高科技产业的发展

高科技风险投资事业起源于美国，它诞生的标志是 1946 年美国研究发展公司（ARD）的建立。在 20 世纪 50 年代初期，风险投资还没有成为一个行业，只是个别公司从事的零星投资业务，直到 1958 年，在美国政府的直接参与下，风险投资才真正发展成为一个行业。到 20 世纪 60 年代末，由于美国经济萧条、金融不景气和税制上的弊端，风险投资发展处于停滞

甚至衰退阶段，风险资本的规模明显减小。1978 年，美国的资本收益税由
49.5％降至 20％，掀起了一股风险投资的热潮，高科技风险投资培育、支
持了包括微软、苹果电脑公司、INTEL 公司等在内的许多著名高科技公司，
也带动了其国内相关产业的发展，对美国经济发展做出了很大的贡献。为
打造发展新引擎，我国政府将"大众创业、万众创新"提高到新的战略高
度，从"创新体制机制、优化财税政策、搞活金融市场、扩大创业投资、
发展创业服务"等多方面支持大众创业，鼓励发展高新技术产业，重点扶
持处于初创期、成长期的创新型企业和高成长性企业。营商环境不断改
善，市场主体蓬勃发展，保证了股权投资可选项目的可持续性。近年来，
我国发展比较快的"BAT"等互联网企业，也主要是依靠股权投资的帮助
而发展起来的。

（三）有助于助推我国企业 "走出去"

中国经济的崛起以及中国企业综合实力的增强，为中国企业"走出
去"提供了强大的动力，我国企业表现出融入国际市场的强烈需求，并开
始在全球范围内进行投资。尤其是金融危机进一步推动中国企业赴海外寻
求具有战略性以及价值被低估的企业或资产。在中国企业参与全球产业竞
争的进程中，私募股权投资基金发挥了积极的促进作用。私募股权不仅是
企业海外投资的一种盈利方式，也是企业海外投资的金融性并购手段。私
募股权具有广泛的关系网络，可获得深层信息。它的介入可淡化国家色
彩，拓宽融资渠道，提高企业并购能力。此外，私募股权可利用其丰富的
经验与人才储备为并购提供支持。尽管近年来我国企业进行海外投资的融
资渠道呈现多元化趋势，但目前几乎 80％的中国企业都存在资本金不足的
现象。尤其是对于中小企业以及民营企业而言，融资更是困难，且融资方
式的程序较复杂、效率较低，难以适应快速的国际市场变化形势。对资金

消耗较大的跨国并购活动，企业可以借助私募股权投资基金所拥有的资本和融资渠道优势来减轻企业自身的资金压力。借助私募资本，并购企业更易获得银行融资，甚至可以进行杠杆收购，进而提高投资回报率。

（四） 有助于解决我国资本过剩问题

长期以来中国一直处于资本短缺、劳动力和土地过剩的时代。过去，各地招商引资打出的都是劳动力和土地价格低廉甚至零地价招牌，用廉价的劳动力和土地来吸引资本，而且很奏效，中国已经成为全世界吸引外资最多的发展中国家。但近年来，生产要素的供求关系在悄悄地发生变化，劳动力和土地越来越短缺而资本则越来越过剩。当资本过剩之后，资本大潮涌到哪里，哪里就会产生价格偏离价值的风险，进而发生危机。这就是我们目前所处的严重资本过剩状态。国际货币基金组织此前公布的数据显示，中国的国民储蓄率从 20 世纪 70 年代至今一直居世界前列，20 世纪 90 年代初中国居民储蓄占国民生产总值的 35% 以上，到 2005 年中国储蓄率更是高达 51%，而全球平均储蓄率仅为 19.7%，中国储蓄率在全球长期排名第一。如此大规模的资金如果没有合适的投资方向，不仅无法产生收益，还会引发金融风险。发展股权投资基金可以让这些过剩的资本真正进入实体经济，成为企业的资本，不仅可以给投资者带来高收益，防范了金融风险，而且可以促进国家经济的发展。

四　我国股权投资市场的问题反思和建议

一是政策法规不健全不完善，行业存在野蛮生长的问题。在强力刺激私募股权投资市场发展的同时，没有制定准入标准和信息披露等规则，造成市场参与者鱼龙混杂，质量参差不齐，且投后管理欠缺。此外，法律对知识产权保护、小股东权益保护的相对不足也会增大早期、创新型项目的投资风险，不利于促进早期投资和创新型投资；并购市场不活跃、私募股权投资二级市场缺位，导致私募股权投资退出渠道过度依赖 IPO。而国内 IPO 发行市场制度不完善，也加剧了私募股权投资市场的问题，如定价机制不完善导致发行市盈率波动过大，影响私募股权基金管理者收益预期；发行审批制导致申报企业 IPO 退出时间不可预期，影响私募股权投资者长期投资的资产配置；对私募股权基金采用可转债、对赌协议等金融工具投资未明确，也不利于私募股权投资管理者激励和约束被投资企业的企业家。由于缺乏相关的政策和行业监管，在私募股权市场存在野蛮生长问题，一些地方风险开始显现，其中比较突出的问题之一就是非法集资。一些机构以私募股权基金之名误导投资者，并利用一些投资者贪图收益、风险意识淡薄等弱点，以承诺高额保底收益为幌子，迅速敛财，最终卷款逃跑，为 PE 市场带来恶劣影响。

二是缺乏成熟的机构投资者，股权投资退出方式单一。我国股权投资市场发展时间不长、投资管理双方缺乏信任等因素，造成产业投资基金在资金募集上的困难。"特定机构投资者"包括国有及国有控股企业、商业银行、保险公司、证券公司及其他金融机构，全国社会保障基金理事会或企业年金委托投资的法人受托机构等。这些特定机构投资者有的发展时间不长，实力不够强大，而有的则在资金的使用用途方面限制较严。同时，由于股权投资基金投资的项目一般运作期限较长，而有些投资者过分追求短期收益，希望能早收益早退出，造成投资者与基金管理运作之间的矛盾。

通过 IPO 上市是股权投资退出的最佳途径，但多数被投资企业在短时间内很难达到上市要求，只能选择海外及国内的产权、股权交易市场。但海外上市存在种种管制，退出很难尽如人意；而产权及股权交易市场虽在近年发展明显加快，但涉及私募股权交易的数额还较少，因而退出的渠道不畅是现阶段私募股权投资发展的巨大障碍。创业板的开启对退出渠道受阻的私募股权机构来说无疑具有里程碑的意义。但是，在实际操作过程中，对于大多数基金而言，短期内影响还较小，因为多数企业在较短时间内上市的希望较小。

三是股权投资市场竞争加剧，但还没有形成品牌机构。目前，我国市场的 PE 主要由一些私营小型资产管理公司和政府产业投资基金两类机构组成。政府产业投资基金的管理者一般都具有一定的政府背景，或是由政府全资创立的公司作为基金的主发起人，或是在政府大力推动下实现设立并由政府部分注资。地方政府对产业投资基金寄予较高的期望，希望产业投资基金成为另一种形式的地方投融资平台，可以大力支持当地的产业发展。但真正意义的产业投资基金的运作应该是市场化的，基金投入基本没有地域限制，产业基金出资人以及项目投资管理应该是市场行为，政府不应该过多干预，特别是，PE 的治理文化就是合伙人文化。

作为国内本土 PE 的主流，地方政府主导 PE 基金虽然以未上市领域为主要投资方向，但多数资金来自于创办机构，市场化募集的资金有限。从国际经验来看，PE 管理机构主要由两部分构成，一部分是 KKR、黑石等独立的专业 PE 管理机构（实际上在独立的专业 PE 管理机构中，投资银行家也是其重要人才来源），另一部分是高盛、美林、野村等投资银行的 PE 机构。而从我国的情况来看，大量的创投公司是由地方政府引导成立，少数 PE（如鼎晖）由投资银行家创立，绝大多数证券公司、银行等主流金融机构尚未获准开展 PE 业务。主流金融机构的缺位严重影响了资金对本土 PE 的投入，从而制约了本土 PE 的发展。

四是缺乏私募股权投资人才，机构管理水平尚待提升。私募股权投资是对专业化要求很高的行业，属于高风险、高收益领域，尤其是投资经理在对各种企业的管理、扶持和引导等价值创造、价值增值活动中更是起到非常重要的作用。股权投资行业成功的关键是拥有一批优秀的投资人才。只有优秀的投资和管理人才，才能高效地发现具有潜力的企业，才有能力提供系统的增值服务，从而提高资本市场资源配置的效率。而且，PE 基金管理公司是 PE 基金的组织者和管理者，其优劣直接关系到基金投资者的利益能否得到保护。当市场出现一大批有实力、有信誉、能够为投资者提供良好回报的产业基金管理公司的时候，社保、保险、银行、证券等大型机构投资者的资金大规模介入 PE 业务也就水到渠成。因此具有国际水准的管理团队、基金管理人才是发展中国私募股权投资的必备条件。但目前我国本土的私募股权基金在人才队伍、经验、基金管理的诚信建设、消除内部人控制诸方面还有很大差距。其实在这方面我们也有很多精英，但多数在外资基金中，所以探讨如何培养与吸引人才，是未来创新型国家建设中亟待解决的问题。

私募股权投资对促进我国经济发展、提升我国经济的全球影响力方面，将起到非常重要的推动作用。特别是在当前我国融资格局不够优化、中小企业融资困难的情况下，大力发展私募股权投资具有重要的现实意义。

首先，完善私募股权投资立法，加强私募行业监管。

目前，我国对私募基金的立法和监管总体来说还是无法达到预防风险、规范投资市场的目的。私募股权基金利用高度的财务杠杆实现高额利润，本质上是一种高风险的运作形式，尤其在我国资本市场尚不规范完善的背景下，对私募基金进行有效监管是十分必要的。但是，相比发展较早的证券投资基金、创业风险投资基金有《证券投资基金法》《创业投资企业管理暂行办法》，侧重投资于成长期企业股权的股权投资基金的制度设立却长期处于空白。我国目前还没有法律法规对私募股权投资进行专门界定，配套的法律法规还不完善，监管思路和监管方向也不明确，资金来源渠道狭窄，私募股权投资市场运作中存在不少不规范的操作。因此，应加快私募股权投资行业的立法，既要参照资本市场发达国家的经验，也要注重结合我国国情，确立私募股权投资基金发起、运作与退出的完整机制，建立基金资产第三方托管等制度，从法律上明确私募股权资本的地位和作用，真正保护投融资双方利益，用法律的手段正确规范我国私募股权资本市场的发展。

其次，根据国家产业政策导向确定私募股权投资项目。

私募股权投资的热点总是随着经济热点和市场机会处于不断变动之中。在后危机时代的今天，私募股权投资要以国家产业政策导向作为风向标，寻找有价值的投资项目。比如，在当前我国经济恢复快速发展的背景下，私募股权投资的热点已从传统行业向新兴行业和政策性行业转移。2010年及未来一段时间，随着医疗体制改革的深入以及医疗健康市场的迅速发展，医疗健康行业将成为市场投资热点。此外，由投资拉动转向消费拉动是未来经济发展的主要方向，在这一过程中，预计连锁经营行业也将成为私募股权投资持续关注的热点。近期以来，一系列房地产宏观调控政策的出台，使得高度依赖银行信贷资金支持的房地产市场资金压力凸显，这使得国内外的私募股权资金有了用武之地，房地产业也可能成为最炙热的投资方向。在私募股权投资前，一定要先做好行业调研，对投资行业有充分的了解并对未来形势有较为准确的判断，进而确定那些具有巨大成长潜力和抵抗经济波动能力强的企业作为投资对象，合理评估企业价值，谨慎理性投资，为投资的成功打下良好的基础。

再次，完善我国多层次资本市场体系的建设。

企业通过IPO上市是股权投资退出的最佳途径，但毕竟私募股权所投资企业一般很难达到上市要求。在国外，股权基金进行企业并购，大都是在无形市场完成的。而在我国，由于产权市场具有信息透明、程序规范、监管严格的优势，所以大多数企业并购都是在产权市场完成的。而且，产权市场还可以帮助私募股权投资基金与中小企业实现对接，有助于缓解中小企业的融资难问题。此外，我国私募股权投资的退出以 IPO 方式为主，尽管创业板已开板，但毕竟 IPO 要求较高，众多被投资企业还无法在基金存续期内达到上市要求。另外，由于受到金融危机影响，境内企业通过海外资本市场 IPO 退出也面临更多障碍。而产权市场具有的非公开上市的企业股权登记托管、企业并购和股权交易、股权回购、管理层收购、企业清算等方式，都可以为私募股权投资基金的退出提供通道。因此，私募股权投资应充分利用产权市场健全的市场交易规则、完善的网络体系、快捷的信息发布手段和优质产权项目资源，降低私募股权投资的搜索成本，凭借产权市场非上市企业并购重组和股权转让平台，使私募股权风险投资进退自如，从而吸引更多的资金投资股权基金，更好地打造私募基金交易板块，推动资本流动和股权投资行业的发展。

最后，加快培养一批复合型私募股权投资专业人才。

私募股权投资不同于一般的投资行为，它是一项专业性强、技巧性高的投资活动，为企业提供深度增值服务是其独有的特征。投资者为了取得更好的回报，除了提供货币形态资本外，还要协助被投资企业在营销规划、企业管理等方面进行大量工作。投资者进入企业，实际就变成了股东，要帮助企业提高经营管理水平。因此，从这个角度上讲，从事私募股权投资管理的人才应该是一种复合型人才，既要对市场的观察敏锐度高，精通金融市场运作，又要懂实业，能够进行有效的企业管理。而目前对资本市场和行业有深入了解的私募股权投资专业管理人才非常缺乏。现在大部分的私募股权投资机构管理者都是从投资银行转过来的，熟悉金融市场，但是企业管理能力则相对薄弱。因此，我国私募股权投资市场需要提高对人才重要性的认识，通过规模不断增长的业务实践和有组织有意识的专业培训，不断提高从业人员素质，迅速培养一批精通私募股权投资基金运作管理、市场敏锐度高的高级基金管理人才。

第一章
创新与成长

根据美国全美风险投资协会的定义，风险投资是由职业金融家投入到新兴的、发展迅速的、具有巨大竞争潜力的企业中的一种权益资本。风险投资一般采取风险投资基金的方式运作。根据 CV Source 投中数据终端统计，2016年共披露1065支基金开始募集和成立，总目标规模为3307.41亿美元；VC 共披露案例3386起，披露的投资总金额为449.01亿美元；PE 共披露案例1491起，披露的投资总金额为540.48亿美元。

　　伴随着中国经济的转型升级和"大众创业、万众创新"的热潮，创新与成长成为国内众多私募股权投资基金的主题。近年来，私募投资基金的投资向前端转移的趋势明显，投资于创新与成长类企业的风险投资比重增加。在投资方向上，高科技产业、IT 产业、制造业及"互联网 +"等领域是投资重点。未来，随着中国经济的成功转型升级和中高速增长，将会给 VC/PE 资本带来更多投资机会。

案例一
深创投助力国显科技成长

2015 年 4 月 1 日，安徽方兴科技股份有限公司（简称方兴科技）公告，以发行股份及支付现金的方式收购深圳市国显科技有限公司（简称国显科技）75.58％的股权，深圳市创新投资集团有限公司（简称深创投）等 VC 机构得以胜利退出。这是一个三方共赢的局面，方兴科技拓展了产业链，国显科技得以与上市公司协同发展，深创投等机构得到了未来在二级市场退出的机会。

一　国显科技融资背景与过程

国显科技成立于 2006 年，创办于深圳，是专业从事 TFT‐LCM 液晶显示模组、电容/电磁/电阻触摸屏的研发、生产、销售的国家高新技术企业，其技术达到国内先进水平。国显科技的产品集中于消费类和工控类，广泛应用于平板电脑、笔记本电脑、二合一、智能手机、学习机、车载设备、智能穿戴式设备、智能家居、工控医疗等领域，为客户提供"触控显示＋指纹识别"一体化解决方案及产品。

国显科技的创始人是欧木兰、梁海元夫妻，公司创立后一直深耕于液晶显示模组领域，其发展经历了三个阶段。

（1）初创阶段（2006～2009 年）。国显科技成立之初，主营业务以中小尺寸显示屏的销售为主。在此阶段，国显科技积累了丰富的行业经验，同时对液晶显示行业的理解也不断加深。

（2）成长阶段（2010～2011 年）。通过对市场进行前瞻性分析和敏锐判断，自 2010 年初起，国显科技加大了研发、生产投入，开始逐步由贸易型企业向生产型企业转型。

（3）加速发展阶段（2012 年以来）。国显科技不断丰富产品线，在已有产品液晶显示模组的基础上，成功开发出电阻式触摸屏和电容式触摸屏，完成了液晶显示器件与触摸屏的垂直一体化产业链布局，整合触摸屏和液晶显示模组产业资源，为客户提供完整的产品解决方案。在此阶段，国显科技加大了中大尺寸液晶显示模组和触摸屏的研发和销售力度。

在前两个阶段，国显科技的发展主要依靠公司积累和欧木兰、梁海元的自有资金持续投入（共进行了 5 次增资）。2012 年 3 月 6 日，第五次增资完成后，国显科技的注册资本、实收资本达到 4000 万元。

2012 年以来国显科技进入快速扩张期，对资本的需求加大，所以公司再次进行大规模的增资，多次引入投资者。2012 年，国显科技进行了两次股权转让和两次增资，第五、第六次增资的价格均为每股 1.8 元，第六次增资完成后，注册资本、实收资本均达到 5000 万元。

2013 年国显投资又进行了关键的第七次增资，融资额 8400 万元。2013 年 8 月 29 日，经国显有限股东会决议通过，注册资本由 5000 万元增加至 5882.3529 万元，新增注册资本 882.3529 万元以每股 9.52 元的价格，由深创投、深创投旗下的广东红土基金、龙岗创投基金、红土科信基金，以及一德兴业等数名机构投资者共同认购。

第七次增资完成后，为了备战 IPO，国显科技于 2013 年 12 月 10 日整体变更为股份有限公司，以截至 2013 年 9 月 30 日经审计的净资产 19453.21 万元整体折股为股份公司股本 9000 万股，股本结构不变。国显科技的股权结构见图 1 - 1。

持续接受了多轮投资，加上得当的经营战略，国显科技业绩也实现了突飞猛进的增长。2014 年以来国显科技的"大客户"战略成效显著，已与伟易达、创维、神达电脑、WKK、柏能等全球知名企业建立了长期稳定合作关系，并与广达电脑、华硕、宏基、联想、中兴等客户逐步建立合作关系。

2015 年，国显科技的营业收入比 2013 年增长了 38%，营业利润比 2013 年增长了 341%，净利润比 2013 年增长了 400%（参见表 1 - 1）。

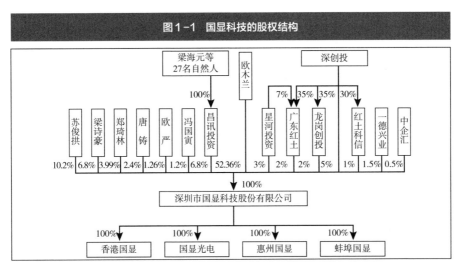

图 1-1　国显科技的股权结构

资料来源：方兴科技。

表 1-1　国显科技 2013 ~ 2015 年经营业绩			
			单位：万元
项目	2015 年	2014 年	2013 年
营业收入	139511.33	143829.60	101211.51
同比（%）	-3.00	42.11	
营业利润	8084.91	2185.06	1834.94
同比（%）	270.01	19.08	
净利润	7353.33	2220.97	1470.49
同比（%）	231.09	51.04	
"扣非"后归属母公司的净利润	7103.87	1952.19	3416.19
同比（%）	263.89	-42.85	

资料来源：方兴科技。

二　深创投的投资逻辑

国显科技接受第七轮增资时，正处于关键的战略转型期，刚刚完成由贸易型企业向生产型企业的转化，正进行液晶显示器件与触摸屏的垂直一体化产业链布局，在销售上向大客户倾斜，急需资本的助力。在国显科技的第七轮增资扩股及股份制改造过程中，深创投发挥了举足轻重的作用。

深创投是中国资本规模最大、投资能力最强的本土创业投资机构，有42亿元人民币注册资本，有高达100亿元人民币的可投资能力，管理着外部100亿元人民币的资本。1999年至2016年6月，深创投在IT技术/芯片、光机电/先进制造、消费品/物流/连锁服务、生物医药、能源/环保、新材料/化工、互联网/新媒体等领域投资646个项目，总投资额约206亿元人民币（参见图1-2）。

图1-2 深圳市创新投资集团投资项目年度分布

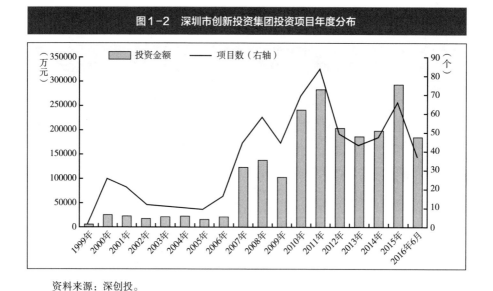

资料来源：深创投。

深创投之所以投资国显科技，有自己的投资逻辑。深创投一直坚持稳健的投资风格：①被投企业的市盈率一般最高不超过15倍；②在投资标的的选择上，偏好行业内规模较大、有清晰商业模式及良好盈利的行业龙头企业。

国显科技已经盈利，第七轮增资公司估值为5.6亿元，按照2013年的市盈率估算，为 38 倍。虽然市盈率较高，但是国显科技的盈利模式清晰，并且在智能手机和智能家居的带动下，显示器模组的发展前景极佳，国显科技的垂直一体化产业布局和"大客户"战略实施情况良好，未来的预期盈利会快速攀升。

深创投在考察国显科技后，还发现其行业进入壁垒较高，包括：①生产技术和制造工艺壁垒；②定制化和高效生产能力壁垒；③客户资源和销售团队壁垒；④资金和规模壁垒。国显科技的"护城河"已经接近完工，这会带动其经营收入的持续稳步增长，经营业绩也可能会出现爆发式增长。

事实也证明深创投的判断是正确的，按照 2014 年、2015 年的真实盈利计算，深创投的投资市盈率分别降到了 25 倍、7.6 倍。

国显科技 2013～2014 年高歌猛进的发展，坚定了深创投等投资人期望国显科技通过上市实现退出的想法。但 IPO 路途漫漫，而寻找合适的上市公司，通过并购实现退出则不失为一条捷径。

三　深创投成功实现退出

2015 年 4 月 1 日，方兴科技公告拟以发行股份及支付现金的方式收购国显科技 75.58% 的股权。

2015 年 11 月 9 日，方兴科技此次重大资产重组事项获得中国证监会批准。

根据重组方案，方兴科技与欧木兰、苏俊拱、梁诗豪、郑琦林、唐铸、欧严、新余市昌讯投资发展有限公司签订的《利润预测补偿协议》及《补充协议》，约定国显科技每年实现的、经审计的、归属于母公司所有者的扣除非经常性损益后的净利润，2015 年不低于 7000 万元、2016 年不低于 8750 万元、2017 年不低于 10500 万元。

方兴科技通过收购国显科技，营业收入和盈利规模快速扩大（2014 年国显科技营业收入、净利润分别为方兴科技的 152%、20%），上下游一体化有助于增强公司的综合竞争力。

收购主营液晶显示模组的国显科技后，配以方兴科技自有的 ITO 镀膜玻璃、盖板玻璃（华益公司）、中小尺寸电容屏（G + G/OGS）、TFT - LCD 减薄（母公司）、柔性镀膜（方兴光电）等产品，方兴科技初步具备了显示器件的全产业配套，在下游终端竞争日益加剧的环境下，公司将上下游产业链打通后，行业竞争力进一步加强。同时借助国显科技作为民营企业的灵活的经营机制、深厚的客户资源以及销售渠道和行业经验，双方实现了优势互补。

在本次交易中，国显科技的估值增加到了 7 亿元，深创投、一德兴业、深创投旗下的广东红土基金、红土科信基金、龙岗创投基金 5 家机构获得退出。本次交易总对价为 5.2905 亿元人民币，其中现金支付 8481.0110 万元人民币，以发行股份方式支付 4.4424 亿元人民币。以每股发行价格 18.11 元计算，上述 5 家机构分别以所持 5%、1.5%、2%、1%、2% 的股权获得 3499.9992 万元、1050 万元、1400.0008 万元、700 万元、1400.0008 万元股份对价，投资回报均为 0.25 倍（参见表 1 - 2）。

交易完成后，深创投等投资机构也能够在二级市场解禁后获利退出，可谓皆大欢喜。

四　案例启示

风险投资的失败率较高，因此在投资时需要权衡风险与收益。从深创投对国显科技的投资案例来看，总体上是成功的，有很多经验值得学习借鉴。

表1-2 方兴科技收购国显科技的对价支付方案						
序号	交易方	交易前占国显科技股权比例（%）	收购比例（占国显科技总股本）（%）	交易对价（元）	支付方式	
					现金（元）	股份（股）
1	欧木兰	52.36	36.65	256564000	51312800	11333583
2	苏俊拱	10.20	7.14	49980000	9996000	2207840
3	梁诗豪	6.80	4.76	33320000	6664000	1471893
4	昌讯投资	6.80	4.76	33320000	6664000	1471893
5	深创投	5.00	5.00	34999992	—	1932633
6	郑琦林	3.99	2.79	19533850	3906770	862897
7	星河投资	3.00	3.00	21000000	—	1159580
8	唐铸	2.40	2.40	16779000	3355800	741203
9	广东红土	2.00	2.00	14000008		773053
10	龙岗创投	2.00	2.00	14000008		773053
11	一德兴业	1.50	1.50	10500000		579790
12	欧严	1.26	0.88	6164200	1232840	272300
13	冯国寅	1.20	1.20	8389500	1677900	370601
14	红土科信	1.00	1.00	7000000		386526
15	中企汇	0.50	0.50	3499992	—	193262
	合计	100.00	75.58	529050550	84810110	24530107

资料来源：方兴科技。

1. 投资成长前景良好的企业

深创投的投资对象以投资成长型企业为主，合理搭配投资组合，力争风险最小化和收益最大化，投资国显科技就是一个成功的案例。深创投在投资项目的阶段分布上，初创期项目占27%，成长扩张期项目占61%，成熟期项目占12%。不过，如果对成长阶段项目投资比重过大，那么对估值和优质项目的选择可能会存在劣势，尤其是在新兴行业。

在行业选择上，要注意追踪市场变化。不仅要关注先进制造、IT 技术、生物医药、物流、环保等行业规模大、盈利前景明晰的行业，也要关注移动互联网、新媒体、智能家居等创新型产业。在这一方面，深创投由于前期的成功，加上体制的原因，过于注重风险控制，从而在新一轮互联网浪潮中未能站立潮头。深创投在互联网和新媒体领域的投资占比只有 15%。

2. 投后管理很重要

投后管理要有资源整合与资本运作能力，即能够利用资本市场帮助被投企业成长，也能够寻找合适方式退出。国显科技接受了深创投的投资后，在深创投的帮助下进行了股改，并找到了并购方来完成资产证券化，实现了三方共赢。

3. 退出方式多元化

深创投以上市为导向，能够为所投资企业在世界范围内选择最佳的上市地点。目前，深创投已经帮助 108 家企业成功上市，其中中国大陆 70 家，中国台湾 1 家，中国香港 15 家，美国 14 家，澳大利亚 2 家，德国 2 家，新加坡 1 家，韩国 1 家，加拿大 1 家，法国 1 家。并购也是深创投主推的退出方式，方兴科技就是一例。其他退出方式还包括企业出售、产权或股权转让、股份回购等。VC 机构要力争以多种方式全面寻找退出通道，在获利基础上实现退出。

4. 通过设立基金建立投融资网络

通过建立引导基金网络，可以提升风险资本搜寻项目和联合投资的能力。深创投已经设立了 70 多个政府引导基金，规模 150 多亿元（参见图 1-3）。良好的政商关系，给深创投带来了源源不断的项目资源。深创投还有 4 个中外合作基金，3 个受托管理基金，20 个战略合作基金。通过基金合作，相互共享资源，拓展了深创投的项目来源和投资能力。

图1-3　深创投的政府引导基金地域分布

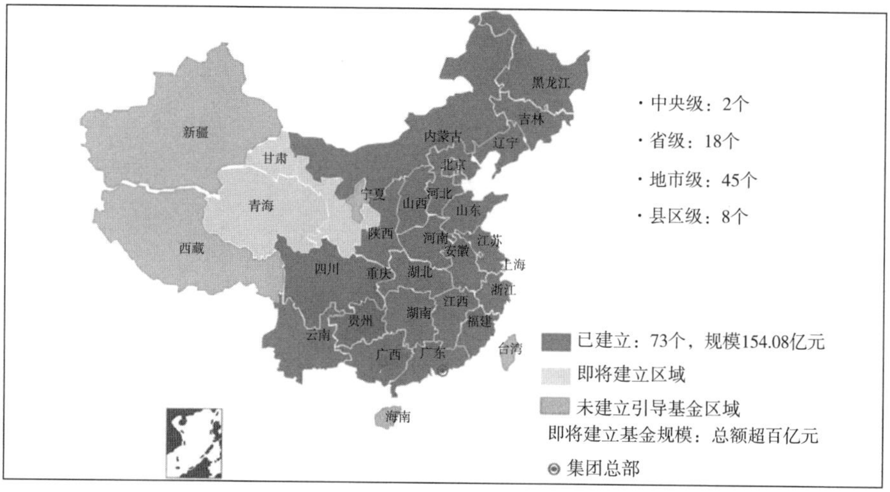
黑龙江
吉林
辽宁
内蒙古
新疆
甘肃
北京
宁夏
河北
山西
山东
青海
陕西
河南
江苏
安徽
西藏
上海
四川
重庆
湖北
浙江
江西
湖南
贵州
福建
云南
广西
广东
台湾
海南
· 中央级：2个
· 省级：18个
· 地市级：45个
· 县区级：8个
已建立：73个，规模154.08亿元
即将建立区域
未建立引导基金区域
即将建立基金规模：总额超百亿元
集团总部

资料来源：深创投。

案例二
顺丰速递借力资本谋共赢

面对日趋激烈的市场竞争，快递企业必须获取资金的支持。于是，快递企业展开了融资大战，期望在此轮竞争中脱颖而出。顺丰作为自营模式的代表，2013 年获得元禾控股、招商局集团、中信资本、古玉资本的 80 亿元投资，增加了航空枢纽和自动化设备等方面的投入，继续保持快速发展，在竞争中保持了优势。而投资者既分享了顺丰的成长收益，又通过借壳上市实现了退出。

一 顺丰融资的背景

在经历 10 年的高速发展后，我国快递业依旧处于快速上升通道中。2016 年快递业务量同比增长约 50%，快递收入同比增加约 30%。但是快递行业格局正在发生转变，一方面客户对快递的满意度偏低，快递的服务问题多多；另一方面，以电商件为代表的廉价快递虽然为快递业的繁荣做出了很大的贡献，但是压缩了快递企业的利润率，而自营模式虽然毛利率高，但是其重资产运营特性容易产生"资本饥渴症"——转运中心、网点布局、货运飞机等方面的资本投入极大。

顺丰成立于 1993 年，是国内最早成立的民营快递企业之一，经过 20 多年的发展，已经成长为国内领先的快递物流综合服务提供商，其主要业务包括快递、仓配、冷运、供应链、重货运输及金融等业务板块，可以为客户提供包含物流服务、金融服务、信息服务在内的一体化解决方案（参见表 2-1）。

表 2-1 顺丰成长历程	
年份	**重大事件**
1993	王卫以 10 万元港币起家，专做深港件
1996	涉足国内快递
2002	成功收权，由加盟制改为直营制
2003	开始租用客机，成为国内第一家用全货机的快递公司

年份	重大事件
2009	顺丰航空获准营运，购买了 2 架自有货机
2011	销售额达到 150 亿元，拥有 15 万名员工；获央行第三方支付牌照，布局支付和金融领域
2012	顺丰优选上线，布局电商领域
2013	完成 A 轮融资，元禾控股、招商局、中信资本、古玉资本等国资联合投资 80 亿元
2014	嘿客线下实体店开业，抢滩布局 O2O 领域
2016	2 月发布《上市辅导公告》；5 月宣布借壳鼎泰新材上市；10 月获得证监会有条件通过

资料来源：建投研究院。

在顺丰的发展历史上，王卫最初是抗拒外来资本介入的。要么是用自己赚的钱扩张，要么是向银行抵押资产获得贷款。顺丰是一家 100% 的家族企业，王卫 100% 一个人说了算，也从来没有用过投资者的钱。但是，要想加速发展，仅仅通过自有资金的积累是不够的，同行们通过大量的融资快速发展，给了顺丰莫大的压力。

在早期直营模式主导下的快递市场，快递江湖"南有顺丰，北有宅急送"，"四通一达"等加盟系快递企业都不入流。但是，随着电子商务风靡全国，快递业的格局开始重塑。

过去 10 年，国内快递业务量复合年均增长率高达 50%，2014 年中国快递业务量达 140 亿件，首次超越美国跃居世界第一；2015 年，快递业完成业务量 206.7 亿件，同比增长 48%，最高日处理量超过 1.6 亿件；快递业务收入达 2769.6 亿元，同比增长 35%。网络购物的兴起推动了加盟系快递公司的发展，以浙江桐庐系为代表的"四通一达"业务量的 70% 以上来源于电商件，网点遍布江浙沪等经济发达地区。

随着快递行业的发展，服务质量及时效性逐步成为快递企业在下一轮竞争中能否占据竞争优势的决定性因素。我国快递企业面临着转型升级。参考国外大型快递公司的发展途径，转运中心及运输车队等方面的重资本投入将有效提升服务质量及时效性。

因此，与资本牵手就成了快递企业必然的选择。2011 年以来，快递业的融资、申请上市 20 余次，融资额高达 100 多亿元（参见图 2 - 1）。

快递企业融到的钱基本都投入两大方向：仓配网和信息化。加强仓配网建设意味着快递企业将向包括对仓储资源建设的强化和现代化改造，调整综合运力结构，加大空运运力投入，升级陆运车辆并向冷链等多元化方向发展，进而推进仓配一体化，保障储配高效对接；而提升信息化，将使企业掌握更多数据，有利于企业深度服务客户，并开辟新的利润源。

图 2 - 1　快递业融资案例

2011年	2013年	2014年	2015年	2016年
·联想、复星参股韵达快递	·中通快递融资2亿元 ·全峰快递融资2亿元 ·优速快递融资1000万元 ·菜鸟网成立，注册资本50亿元 ·顺丰速运融资80亿元	·宅急送获得复星10亿元投资 ·全峰快递获得云锋基金亿元规模的投资	·阿里巴巴联合云锋基金收购圆通快递20%的股权 ·全峰快递融资2亿元 ·中通快递融资10亿元 ·德邦物流提交IPO申请 ·申通借壳艾迪西	·天天快速融资6亿元 ·快捷快递融资2.5亿元 ·优速快递融资3亿元 ·圆通借壳大杨创世 ·顺丰借壳鼎泰新材

资料来源：建投研究院。

在竞争对手不断进步的同时，顺丰在 2012 年度的增速却有所放缓。2012 年，顺丰在电商（涵盖生鲜）、合约物流、廉价快递等领域均有布局，已经不再固守中高端快递市场。多线出击，使顺丰遇到的瓶颈和困惑较多，不仅仅是资金、人力和品牌，顺丰需要更多的资源和保障来支撑。

面对愈加激烈的市场竞争，为了强化顺丰的竞争实力，提高资源配置效率，王卫终于伸开双臂欢迎资本的介入。

二 投资顺丰的逻辑

快递业竞争激烈，国内大量中小快递公司微利或亏损。中小型快递公司在成本不断上涨、利润不断摊薄的压力之下会被逐渐淘汰。所以，从 PE 投资的角度来看，虽然快递行业高速成长，但行业格局的不断变迁，使投资对象的选择显得尤为重要。

快递业有两种基本组织方式——直营与加盟：以顺丰和 EMS 为代表的直营阵营和以"四通一达"为代表的加盟阵营。

虽然加盟系的市场占有率高，但"四通一达"主要是靠廉价取胜。结果，把高价的外资快递几乎全赶到国际线；快递元老"宅急送"在需求爆发时没有占到其早期已布局全国的网络优势的便宜，几乎被排挤出主流快递商。

价格战是把双刃剑，在占领市场方面优势明显，但是也把快递业带入利润率下滑的窘境，快递企业的利润空间被压缩。2010 年到 2015 年，快递单价从 24.6 元/件下滑了近一半，至 13.4 元/件。快递业的平均利润率也从当年的 20% 降至现在的 3% ~5% 。

顺丰作为自营模式的代表，公司总部掌管所有权和经营权，所有成员企业必须由总部集中领导、统筹规划，实行统一的核算制度，各直营店实行标准化经营管理。顺丰总部控制了所有的快递节点，包括干线运输、枢纽转运中心、支线运输和落地配送，收派件取得的收入、发生的成本，人员福利、车辆购置等都纳入总部统一结算。

相比加盟模式，顺丰能够提供标准服务、控制服务质量、运营效率更高，因此，顺丰的毛利率更高，服务口碑也更好。顺丰单价快递的单票收入在 20 元以上，毛利率为 20%，远高于"四通一达"等加盟系。2015

年，顺丰的月均申诉率为 2.06 件（每百万件快递有效申诉数量），远低于全国平均水平 13.38 件，服务质量在快递企业中排名第一。良好的服务口碑为顺丰带来了众多优质高端商业客户，如苹果、华为、小米、优衣库、中国平安等一大批国内外知名企业与公司长期合作。

PE 机构看中了顺丰的良好盈利能力和发展前景，而顺丰的重资产经营和走向国际化也需要更多的资金支持。比如，转运中心对快递网络时效性及成本有重要的影响，而分拣的成本和配送运输的成本都约为转运中心总成本的 40%。当前国内快递分拣自动化程度低，在劳动密集型的转运中心，与分拣作业直接相关的人力约为一半，分拣作业时间约占整个转运中心作业时间的 30%~40%。配送运输中，航空运输效率最高，但在自有运力方面，国内外企业存在较大差异。国际快递四大巨头都很重视航空运力投入，FedEx 有超过 660 架飞机，UPS 自有和租赁的飞机共 574 架，DHL 也有 420 架飞机。而国内虽然 EMS 和顺丰在这一方面走在前面，但其机队规模也仅为几十架。

三　投资方案与结果

2013 年 8 月 19 日，顺丰速运获得元禾控股、招商局集团、中信资本、古玉资本的联合投资，总投资额 80 亿元，估值约 320 亿元。其中，元禾控股、招商局集团、中信资本三家联合投资各入股 7.65%，古玉资本入股 1.53%。这是顺丰 20 年来第一次引进外部股东，也让顺丰在购置土地扩张中转场和航空枢纽，以及配置自动化系统和自动化设备方面有了更丰厚的资金支持，将进一步强化其核心资源力量。

2013 年 9 月 12 日，顺丰完成工商变更，王卫任新顺丰的董事长，来自古玉资本的林哲莹任副董事长，顺丰控股的深圳市泰海投资有限公司法人代表于国强任总经理，元禾顺风的林向红等投资机构分别派出人员任董事（参见图2-2）。

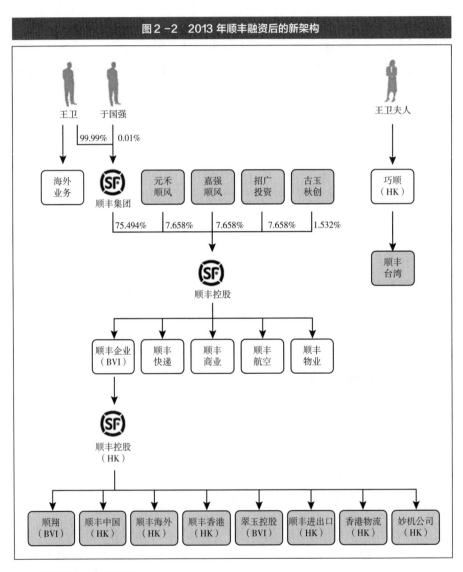

图2-2 2013年顺丰融资后的新架构

资料来源：建投研究院。

此次顺丰接纳的战略投资者中，招商局集团涉足物流基础设施和物流服务运营多年，是中国最大的高速路运营商、海运商，在港口、公路、能源运输及物流上都有布局，也有着丰富的海外运营经验；中信系也有诸多物流实体，在冷链物流等细分领域也是强者。因此，此次投资属于强强联合，PE 对顺丰的支持不仅仅在资本方面，也在物流运营和网络布局上提供助力。

顺丰借力 PE 能够加快发展步伐，资本也能够分享顺丰的成长收益，这是互赢的结果。

2016 年 5 月 23 日，鼎泰新材（002352）发布公告，宣布将其全部资产和负债（初步作价约 8 亿元）与顺丰控股 100% 股权（初步作价约 433 亿元）进行置换，差额部分由鼎泰新材以发行股份方式向顺丰控股股东购买。交易完成后顺丰控股原股东预计将持有上市公司 94.42% 的股权。经过两轮修改，剥离了一些金融资产后，顺丰控股 A 股借壳上市方案在 2016 年 10 月 11 日终于获得证监会有条件通过。

从顺丰在此次借壳上市过程中发布的经营数据来看，2013 年的融资是成功的。2013 年到 2015 年，顺丰快递业务量分别为 10.9 亿票、14.6 亿票、17.0 亿票，营业收入分别为 270.7 亿元、382.5 亿元、473.1 亿元，2015 年实现净利润 16.23 亿元，远超圆通和申通，并且这一优势还将继续保持下去（参见表 2 - 2）。

表 2 - 2　三大快递企业归属母公司净利润

单位：亿元

年份	顺丰	圆通	申通
2013	18.32	6.54	5.21
2014	4.78	7.47	5.88
2015	11.01	7.17	7.65
2016（E）	21.80	11.00	11.70
2017（E）	28.00	13.33	14.00
2018（E）	34.80	15.53	16.00

注：2014 年顺丰的净利润大幅度下滑，是由于其加大对电子商务类客户的补贴力度，以及网点和产品线快速扩张，因此当期成本费用大幅上涨。

资料来源：建投研究院。

四 案例启示

1. 投资差异化经营的优质企业

快递业差异化的需求形成了不同的市场，以时效和价格可分为相对独立的三块市场：①以电商件为主的低端市场，量大价低、时效性一般，从体量来看，现在电商件总体体量占全部快递业体量的70%，市场竞争者主要是"四通一达"及其他中小型快递企业；②以商业件为主的高端市场，量少价高，单价在电商件的2~3倍，时效性上基本能做到全国次日达，主要竞争者是顺丰、京东等；③位于两者之间的中端市场，主要代表企业是现在逐步开展快递业务的德邦物流。

顺丰虽然不是快递业中市场占有率最高的企业，但是由于其一直定位于中高端市场，毛利率远高于竞争对手，服务质量得到客户认可，因而获得资本青睐。在选择投资对象时，PE首要选择成长性好的行业，然后挑选其中盈利模式清晰、成长性好的企业。

2. 资本在很多时候是企业的核心竞争力

未来的五年里，大型快递企业在向综合物流转型，中型快递企业向专业化转型，小型快递企业则向个性化转型，这都意味着未来需要大量的资本投入到设备升级、信息系统改造、人员网点扩张上。因此，资本对任何一种类型的快递企业而言都是最重要的，有资本才可以购买更多的装备、招揽人才。在现阶段，资本已经成为快递企业的核心竞争力之一。

这一道理在其他很多产业也适用，比如，滴滴并不是出行领域的"第一个吃螃蟹者"，但是通过不断融资用于补贴，从而快速占领市场，最终把快的和Uber中国都兼并了，而先行者易到用车在激烈的竞争中几乎被市场遗忘。

对于快递业而言，抓紧时间融资和上市的另一个原因是，依据我国加入世界贸易组织时的承诺，中国将进一步放开国内市场，让国内外快递企业同台竞争。国际快递巨头在国内市场更多服务于 B 端企业，并拓展综合物流服务。目前，以顺丰为首的快递龙头也打算切入这一市场，而在国际市场，目前仍是以外资和邮政主导。

为了巩固国内市场、深耕综合物流、开拓国际市场，民营快递企业必须实行规范发展和品牌化发展，不能靠过去的价格战取胜，因而必须要跟资本合作，通过融资储备"弹药"、应对竞争。资本也能通过支持企业成长，分享企业发展红利，实现双赢。

案例三
分众传媒私有化回归

上市公司"私有化",是资本市场一类特殊的并购操作。与其他并购操作的最大区别,在于它的目标是令被收购上市公司除牌,由公众公司变为私人公司。通俗地说,就是控股股东把小股东手里的股份全部买回来,扩大已有份额,最终使这家公司退市。2015 年 12 月 16 日,中国证监会批准七喜控股(002027. SZ)的重大资产重组方案,至此,分众传媒从美国纳斯达克私有化后回归 A 股之路圆满收官,成为中概股回归 A 股的首个"吃螃蟹者"。

一 分众传媒的私有化动机

分众传媒创始人江南春广告行业经验丰富,其创立了分众传媒并担任 CEO。江南春 1995 年毕业于华东师范大学中文系,现任分众传媒董事长。早在大三时,江南春就开始自己的广告创业,担任永怡广告总经理;2003 年,江南春创立分众传媒并担任董事局主席和 CEO。在创建分众之初,江南春就敏锐地意识到传统媒体广告业务竞争的残酷性,他另辟蹊径,专攻楼宇广告业务,自此奠定了公司在楼宇广告行业龙头老大的地位。

分众传媒已成为生活圈媒体开发运营商,通过在楼宇、影院银幕、卖场等终端视屏投放广告,覆盖城市主流消费人群的生活、工作、娱乐、消费等场景,打造完整的城市生活圈媒体业务。截至 2015 年 5 月,公司业务已经覆盖全国约 220 个城市,是国内最大的城市生活圈媒体网络,通过在这些城市布点楼宇视频媒体、框架媒体、卖场终端视频媒体和影院媒体的方式为消费者提供生活圈媒体服务,覆盖人群超过 2 亿人。

2005 年分众传媒建立 VIE 结构,同年拟通过海外母公司在纳斯达克上市。公司海外母公司 FMHL(Focus Media Holding Limited)于 2003 年 4 月在英属维尔京群岛成立,JJ Media 持股 70%,是公司的控股股东,而 JJ

Media 的唯一股东为江南春。同年，公司国内母公司 FMCH（Focus Media China Holding Limited）在中国香港成立，经过一系列转股，FMHL 持有 FMCH100% 的股权。2005 年 3 月，分众传媒、分众数码、江南春、余蔚、分众传播签署一系列协议，FMHL 间接控制的分众传媒、分众数码通过 VIE 结构协议控制分众传播及其下属境内经营实体的日常经营等重要事务，从而实现 FMHL 对分众传播及下属境内经营实体的实际控制（参见图 3－1）。

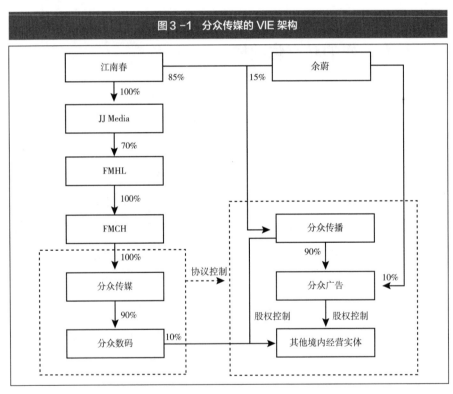

图 3－1　分众传媒的 VIE 架构

资料来源：建投研究院。

2005 年 7 月，分众传媒（FMCN. COM）在美国纳斯达克成功上市，被誉为海外上市的"中国传媒第一股"，IPO 募资 1. 72 亿美元，创造了当时中概股的 IPO 纪录（参见图 3－2）。

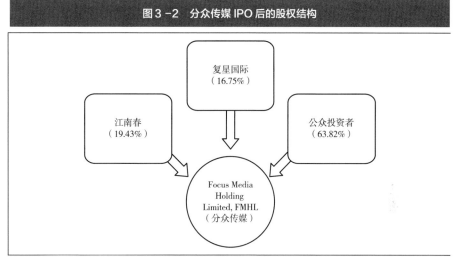

图 3 -2 分众传媒 IPO 后的股权结构

资料来源：分众传媒。

分众传媒 IPO 后，美国存托股份（ADS）从发行价 17 美元开始一路上扬，最高超过 100 美元（复权价），其走势明显强于纳斯达克指数。2008 年开始，受全球金融危机影响，走势跟随大盘一起下跌到谷底，2009 年初开始复苏，但股价开始走输大盘（参见图 3 -3）。

而其后浑水做空中概股，迫使数家造假企业现出原形，对中概股的估值造成巨大的压力。2011 年 11 月 21 日，浑水瞄准了分众传媒，导致其股价一度暴跌，虽然分众传媒最终击退了浑水，但是估值并未能明显提升，其股价明显弱于纳斯达克指数。

分众传媒的估值在江南春看来并不合理，他认为美国投资人很难理解分众传媒的商业模式，从而给予分众传媒的估值偏低。2005～2012 年，分众传媒营业收入从 6823 万美元增长到 9.275 亿美元，年复合增长率 45.2%，净利润从 2354.8 万美元增长到 2.381 亿美元，年复合增长率 39.2%。分众传媒分享了中国经济增长红利，经营业绩良好，但其市盈率只有 14 倍，远低于 A 股传媒板块 30 倍的平均水平。

图 3-3　分众传媒 ADS 的价格走势

资料来源：Wind、建投研究院。

低估值让创始人江南春和投资机构耿耿于怀，而遭浑水做空则坚定了江南春私有化分众传媒的念头。

二　分众传媒私有化过程

2012 年 8 月 13 日，分众传媒公告：方源资本关联方（Fountain Vest Investment Holdings）、凯雷集团（The Carlyle Group）关联方（Giovanna Investment Holdings Limited）、中信资本旗下基金关联方（Power Star Holdings Limited）、鼎辉投资关联方（CDHV Moby Limited）、中国光大控股有限公司关联方（China Everbright Structured Investment Holdings Limited）、分众传媒董事长兼首席执行官江南春、江南春控股的两家公司（JJ Media Investment Holdings Limited、Target Sales International Limited）共同发出了

无约束力的建议书，提议进行"私有化"交易，每份 ADS 支付现金对价 27 美元，折合每股普通股现金对价 5.4 美元。

2012 年 12 月 22 日，分众传媒公布了私有化并购协议。根据协议，分众传媒将与 Giovanna Parent Limited 旗下的 Giovanna Acquisition Limited 合并。合并前分众传媒由江南春、复星国际及其他公众投资者持有，其中江南春与复星国际的部分股份将自动置换成 Giovanna Parent Limited 的母公司 Giovanna Group Holdings Limited 股份，其他分众传媒股份均以每股 5.5 美元（等于 ADS 的 27.5 美元）价格收购。合并后分众传媒（Focus Media Holding Limited）将成为 Giovanna Parent Limited 全资子公司，Giovanna Acquisition Limited 公司实体将不存在。Giovanna Parent Limited 由 Giovanna Group Holdings Limited 全资控股。Giovanna Group Holdings Limited 最初由凯雷（Carlyle）、方源资本（FountainVest）及中信资本（CITIC）共同控股，各占 1/3 股份。

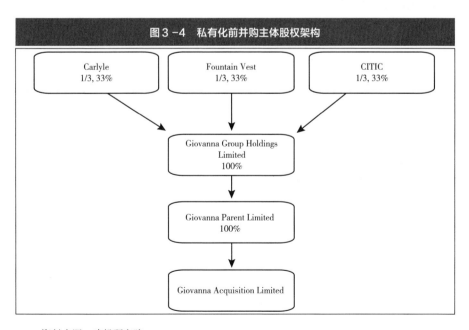

图 3-4 私有化前并购主体股权架构

资料来源：建投研究院。

2013 年 5 月 24 日，分众传媒以 35.5 亿美元完成私有化。此次私有化资金来源如下：

（1）代表方源资本的 Gio2 Holdings、代表凯雷集团的 Giovanna Investment、代表中信资本的 Power Star 以及代表中国光大控股的 State Success 各出资 4.522 亿美元、4.522 亿美元、2.261 亿美元和 5000 万美元参与本次私有化；

（2）美国银行、国家开发银行、民生银行、花旗银行、瑞士信贷、星展银行、德意志银行、工银国际、瑞士银行向 Giovanna Acquisition 提供 15.25 亿美元银团贷款支持其私有化（私有化实际借款金额 14 亿美元）；

（3）江南春及其控制的实体以持有 124743 股 FMHL 股份以及 4379165 股 FMHL 限制性股份作价约 7.1 亿美元置换为 Giovanna Group Holdings Limited（GGH）相应股份；

（4）复星国际以其持有的 72727275 股 FMHL 股份作价约 4 亿美元置换为 GGH 相应股份；

（5）分众传媒部分高管将其持有的 1285020 股 FMHL 限制性股份作价 700 万美元置换为 GGH 相应股份。

私有化完成后，Giovanna Group Holdings Limited 由江南春、复星国际、Carlyle、FountainVest、光大控股及中信资本共同持有（参见图 3 - 5）。

三 分众传媒回归 A 股

1. 拆除 VIE 架构

分众传媒的私有化并购协议中提到，如果分众传媒私有化完成的第四年公司仍未重新上市，股东和 Giovanna Group Holdings 将按融资协议中的规定以及公司现金及公司持续运营情况，分配至少 75% 的利润给股东。这

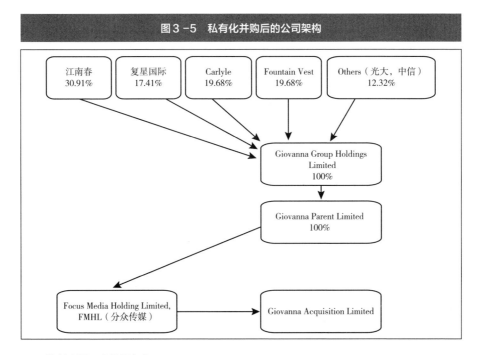

图 3 - 5　私有化并购后的公司架构

资料来源：建投研究院。

就为下一步在 A 股借壳上市埋下了伏笔。

要在 A 股上市，首先要拆除 VIE 架构。2010 年 8 月，各方签署了针对除上海分众广告有限公司（分众广告）和上海分众广告传播有限公司（分众传播）之外的其他 VIE 实体的终止确认协议，确认解除对这些 VIE 实体的控制。2014 年 12 月，各方又签署了针对终止分众广告和分众传播 VIE 协议的相关文件。2015 年 1 月，江南春将其持有的分众传播的 85% 的股权转让给分众传媒。

为借壳上市之目的，FMCH 又将其全资子公司分众（中国）信息技术有限公司、池众信息技术（上海）有限公司、上海分众软件技术有限公司、深圳前海分众信息服务管理有限公司的 100% 的股权转让给分众传媒。

2. 分众传媒股权结构调整

分众传媒原为 FMCH（Focus Media China Holding Limited）的全资子公

司。为借壳上市，分众传媒于2015年4月进行第一次股权转让，FMCH将其持有的共计89%的股权分别转让给FMHL原股东的附属公司包括Media Management（HK）、Giovanna Investment（HK）、Gio2（HK）、Glossy City（HK）、Power Star（HK）、CEL Media（HK）、Flash（HK）、HGPLT1（HK）及Maiden King Limited，目的在于将FMCH的境外股权结构平移至境内。股权平移至境内也便于偿还用于私有化的境外过桥贷款和原股东部分套现退出。

随后，分众传媒进行了第二次股权转让，各股东将合计29.78%的股权转让给境内财务投资者，按估值人民币450亿元计算，共计套现约人民币135亿元。此次股权转让完成后的分众传媒股权结构（参见图3-6）。

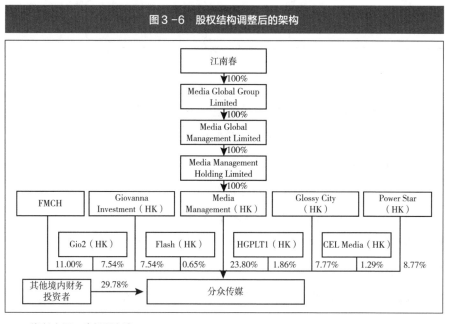

图3-6　股权结构调整后的架构

资料来源：建投研究院。

3. 借壳上市

2015年6月初，分众传媒宣布借壳宏达新材，但6月17日，宏达新材及实际控制人朱德洪被证监会立案调查，最终在 8 月 31 日宣告重组流产。

分众传媒迅速施行 B 计划，牵手七喜控股。根据重组方案，交易拟置出资产作价8.8亿元，拟置入资产作价457亿元，两者差额为448.2亿元。对于差额部分，七喜控股拟向 FMCH 支付现金493020万元购买其持有的分众传媒的 11% 股权，向其余交易对象按每股10.46元的价格发行381355.64万股股份购买其持有的分众传媒共计 89% 股权。另外，公司拟募集配套资金不超过 50 亿元，大部分用于向 FMCH 支付现金。本次交易完成后，江南春成为上市公司的实际控制人，控股股东为 Media Management（HK），持股比例为22.38%（参见图3-7）。

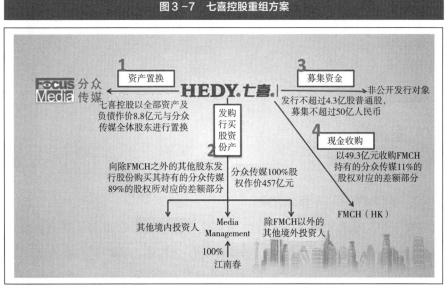

图 3-7　七喜控股重组方案

资料来源：华兴资本。

2015 年 11 月 16 日，分众传媒借壳七喜控股交易获证监会并购重组委员会有条件通过，至此分众传媒华丽转身回归 A 股。分众传媒从私有化时的 220 亿元估值，到拆除 VIE 架构时估值翻倍到 450 亿元，再到借壳上市后市值超过 1000 亿元，各路资本都获得了丰厚的回报（参见表 3 – 1）。分众传媒私有化发起人获得了 4.3 倍的投资收益，分众传媒股权调整时接盘的境内投资人获得了 1.7 倍的投资收益，被借壳方七喜控股的原股东也是收益翻倍，借壳上市配套资金的提供者也获得了 0.5 倍的账面收益，可谓皆大欢喜。

表 3 –1 分众传媒借壳上市后的各利益方			
	持股比例（%）	成本（亿元）	市值（亿元）	账面收益倍数
江南春	22.38	55	291	4.3
分众传媒原境外投资人	33.32	82	433	4.3
分众传媒原境内投资人	28.01	135	364	1.7
七喜控股原股东	6.64	41	86	1.1
定向增发的新晋股东	5.78	50	75	0.5

注：①江南春及分众传媒原境外投资人的成本按私有化成本 35.5 亿美元估算；②七喜控股原股东的成本按照重组停牌前的收盘价 13.68 元计算；③分众传媒上市后的市值按照 1300 亿元估算。

资料来源：建投研究院。

四　案例启示

1. 慎选私有化对象与壳资源

对于参与私有化的资本而言，私有化对象的选择很重要，要有良好的市场前景和管理能力，能够应对借壳或 IPO 之前的市场变化，提升再上市时的估值水平。在退市后的几年里，尽管随着新媒体不断崛起，市场环境已发生很大变化，但是，分众传媒受到的冲击有限：2012 ~ 2014 年，公司净利润分别为 13.3 亿元、20.78 亿元、24.17 亿元，三年复合增长率38.6%，其盈利规模在传媒行业中依旧处于领先地位。

壳的选择也很重要。从数据来看，A 股中的借壳上市首选小市值的壳，

2015 年 A 股市场发生的 64 起借壳交易中，借壳公司整体平均市值 34 亿元。此外，壳公司要规范、干净，宏达新材就是因为涉嫌违规、面临诉讼风险而与分众传媒失之交臂。

2. 合理安排私有化资金

分众传媒在私有化过程中，启用了巨额的过桥资金（15.25 亿美元银团贷款），其数额超过了境外美元基金提供的股权融资（约 12 亿美元）。在拆除 VIE 架构时，境内机构提供了大量的资金，用于归还过桥贷款和部分股东套现。

从私有化的参与方来看，分众传媒私有化的股权类资金主要来自境外并购基金和券商系资金，从这个角度来说，中国本土的并购基金发展得还不够成熟。对于资金雄厚的企业，尤其是金融资本来说，今后组建并购基金参与类似项目的机会将会越来越多。

案例四
链家融资图谋房地产后市场

房地产行业已经度过黄金岁月，进入白银时代。因此，对"房地产后市场"的争夺也日益激烈。各路资本看中了存量房市场的高成长性，纷纷杀入。除了链家，房天下（搜房网）、安居客、中原地产等均在资本的支持下，在存量房产业链上拓展产品线、扩大市场布局，并且出现了互联网化的趋势。面对激烈的竞争，起步于北京的链家，经过十余年的奋斗，逐渐执房地产中介领域之牛耳。通过强化内部管理、建立经纪人利益共享机制、标准化流程、优化客户体验等方式，建立了"护城河"，赢得了市场和资本的认同。

一　链家概况

链家成立于2001年，主要经营二手房经纪业务。纵观链家十余年来的发展路径，从公司规模和业务范围方面来划分，其发展大致经历了四个阶段：第一阶段（2001～2004年），成立初期的稳步发展，门店规模从1家发展到超过100家；第二阶段（2005～2010年），快速发展阶段，奠定北京市场的龙头地位，布局周边市场；第三阶段（2011～2014年），业务多元化，服务再升级，全国化布局启动；第四阶段（2015年至今），开启大平台战略，初步完成业务布局，产品线更加丰富（参见图4-1）。

二手房经纪是链家的发家基础，目前已在全国20个大城市完成布局，构建了相对显著的竞争优势。链家通过经纪人获取真实房源信息，以房源为核心吸引客户，提供各类增值服务，从而构筑了一定的竞争壁垒，提高了线上线下的用户体验，用户黏性较高。目前，链家资产管理（租房、自如友家）、交易管理（新房、二手房）、金融管理（链家理财、理房通等）三足鼎立的O2O生态圈，覆盖了几乎所有垂直于房产服务的细分市场。

图4-1 链家的发展史

发展初期（2001~2004年）	·树立诚信、专业的形象，二手房经纪业务稳步发展，门店规模超过百家。 ·2002年，首家推出二手商品房转按揭业务的房地产经纪公司；2004年，第一个提出并践行"签三方协议、不吃差价"政策的房地产经纪公司。
快速发展期（2005~2012年）	·在北京市场迅速布局，奠定龙头地位；布局天津、大连等周边市场。 ·逐步建设系统平台：2009年实施内部ERP系统改革，与IBM进行战略合作；搜集楼盘信息，建成楼盘字典；2010年链家在线上线，发力互联网。
多元化扩张（2011~2014年）	·2011年启动全国化布局，青岛、南京、成都、上海、杭州、苏州、燕郊等九个分公司相继成立。 ·业务多元化，建立"自如"品牌，开展长租公寓业务；参股高策机构，进军新房代理销售业务。 ·发展金融业务，推出P2P产品"家多宝"，获得中国人民银行的"支付业务许可证"，建立房屋资金担保支付平台。
大平台战略（2015年至今）	·2015年发布新的平台战略，打造基于移动互联的房产综合服务平台。 ·初步完成全国业务布局，并购德佑、伊诚、中联等区域龙头；成立海外事业部，业务涉及美国、英国、加拿大、澳大利亚以及新西兰的多个城市。 ·产品线更加丰富，成立丁丁租赁公司；同北京万科共同成立"万科链家装饰"，进入家装市场。

资料来源：建投研究院。

链家的产品线覆盖了客户的全生命周期，年轻客户刚走进社会时可以通过丁丁租房；当具备一定实力后，改善居住条件时可以考虑自如友家或自如寓；需要购置房产时，可通过链家购买二手房或者新房等（参见图4-2）。链家的业务打造中国人"住"的入口，通过服务场景的渗透率，实现交易的货币化率最大化。

链家通过整合服务平台创造出巨大的协调效应。各个业务线之间实现了资源的有效分享与协同；金融业务平台为客户提供全面服务支持，有29%的链家客户使用其提供的金融产品；链家大数据平台包含房源数据、房产交易数据、金融数据、客户消费数据，极大地提升了交易效率、实现资源价值（参见图4-3）。

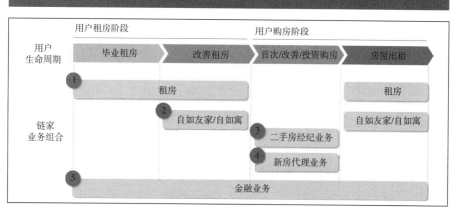

图 4 -2　链家覆盖用户全生命周期

资料来源：链家。

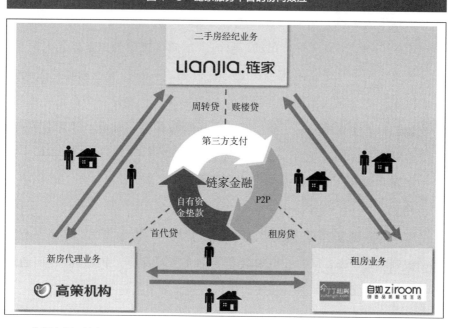

图 4 -3　链家服务平台的协同效应

资料来源：链家。

二 PE 的投资逻辑

链家之所以能够获得资本青睐，并且在 B 轮融资中获得众多 PE 资本的认可，第一个原因是因为链家所在行业的高成长性和巨大的市场容量。

中国的房地产市场每年的交易总额超过 10 万亿元，其中新房交易 7.2万亿元，存量（二手房）交易 3.5 万亿元。未来随着新房市场的增长逐渐停滞、二手房存量持续增长，存量市场将给以链家为首的房地产经纪公司带来更高的收入。

除了二手房交易，存量房市场还有其他衍生服务需求。在居民完整购房周期中，至少能够预见一次租房、一次刚需和一次改善。存量房未来将占据市场主流，从而将会衍生出经纪/装修/金融等一系列服务，其潜在市场空间巨大：①佣金市场，目前中国佣金规模为 300 亿元人民币，预计未来将是一个千亿级市场；②广告市场，主要经纪人和经纪公司在互联网媒体的支出比例通常为佣金的 10%～20%，这是一个百亿级市场，这块蛋糕目前主要由搜房、安居客、乐居等媒体公司瓜分；③配套服务，主要包括产权保险、抵押贷款、房屋检查、房屋评估及搬迁服务等，这个市场潜在空间巨大，而中国目前几乎为 0，在美国这是一个 200 亿美元的市场。

资本青睐链家的第二个原因是链家经营规范、竞争力强、市场占有率高、盈利模式清晰，同时在竞争激烈的中介市场拥有"护城河"，而通过资金支持能够帮助链家进一步快速成长，从而分享其超额收益。

链家良好的过往业绩给了投资人很大的信心。2010～2014 年，链家经纪业务的交易额从 690 亿元增长到 1664 亿元（其中，二手房业务从 690 亿元增长到 1502 亿元），年复合增长率 25%；平台总收入从 21 亿元增长到

54亿元（其中二手房业务收入从21亿元增长到45亿元）。

从2014年开始，链家开始在全国加快网点布局，同时梳理业务流程、丰富产品线。链家初期一直偏安于北京一隅，连郊县都不曾涉足。在资本的帮助下，链家开启了疯狂的并购行动，先后并购了成都伊诚、上海德佑、北京易家、深圳中联、广州满堂红、杭州的盛世管家以及新房市场决策的高策。当前，链家已经覆盖24个城市，拥有6000家直营门店的布局，11万名经纪人，这给其他中介机构以巨大的竞争压力。

而链家的商业模式和盈利模式得到了验证，当前链家在房地产市场交易总额中占7%的份额，在二手房交易中约占16%的份额，预计未来链家的市场占有率还将稳步提高（参见表4-1）。随着存量房市场的扩大，链家二手房经纪业务收入也会成倍扩张，再加上链家在二手房市场构筑的壁垒，链家将打造以房产经纪业务为核心的全产业链布局，占据更多的价值链。

表4-1 链家在北京的市场占有率

单位：%

年份	北京市场占有率	年份	北京市场占有率
2009	27	2013	47.2
2010	33	2014	56
2011	37.7	2015	63
2012	46.7		

资料来源：链家。

链家市场占有率的高速增长，也给资本带来了丰厚的回报。2015年，链家共完成7090亿元交易额，营业收入达到155.2亿元，相比2014年的39.3亿元增长了近3倍，其中二手房经纪占到76%。2015年，链家的净利润为5.5亿元，净利润率3.5%。

三　PE 投资过程

2010 年，鼎晖和复星曾对链家有一轮千万美元的 A 轮投资。不过在 2015 年初，主要 PE/VC 股东之一的鼎晖嘉业（天津）股权投资基金正式退出，仅剩下复星创投（上海复星产业投资有限公司的全资子公司）。

2015 年初，链家的股东包括董事长左晖、副总裁单一刚和复星创投。到了 2015 年底，链家在并购多家房地产中介后，进行了工商变更。2015 年 12 月 29 日，链家的工商登记变更资料显示，注册资本从 1046.0251 万元增加到 1591.5065 万元，新增加的股东主要是被并购的广州满堂红、成都伊诚、深圳中联、大连好旺角等房地产中介公司的创始人及其他股东。

2016 年 4 月 7 日，有消息称链家网获得 10 亿美元 B 轮融资，投资方为华晟创投、百度、腾讯。但链家的估值，受负面新闻的影响，从 400 亿元下降到 330 亿元。

2016 年 8 月 25 日，链家的工商登记变更资料显示，注册资本从 1591.5065 万元增加到 1720.2859 万元，其增加的股东有众多 PE/VC 机构和战略投资者，包括华兴旗下的华晟创投、执一资本、腾讯的利创信息、刘永好的草根合创，等等（参见表 4-2）。

表 4-2　链家 B 轮融资前后股东名单变化	
原股东名单	左晖
	单一刚
	上海复星创业投资管理有限公司

2015 年 12 月 29 日新增股东名单	阮广杰
	高军
	杜欣
	党杰
	陈戎
	徐万刚
	上海站本投资管理中心（有限合伙）
	上海毓扬投资管理中心（有限合伙）
	上海毓思投资管理中心（有限合伙）
	上海毓睿投资管理中心（有限合伙）
	上海鼎聪投资管理中心（有限合伙）
	上海博隽投资管理中心（有限合伙）
	北京合诚创投投资合伙企业（有限合伙）
2016 年 8 月 25 日新增股东名单	深圳华晟领翔股权投资合伙企业（有限合伙）
	深圳海峡定增投资基金合伙企业（有限合伙）
	上海创稷投资中心（有限合伙）
	宁波执一联佳股权投资中心（有限合伙）
	宁波执一百孚股权投资中心
	北京执一创业投资中心（有限合伙）
	宁波源达创业投资合伙企业（有限合伙）
	宁波益方瑞祥投资合伙企业（有限合伙）
	宁波梅山保税港区红橡股权投资合伙企业（有限合伙）
	林芝利创信息技术有限公司
	拉萨经济技术开发区草根合创资产管理有限公司
	传课计算机系统（北京）有限公司

资料来源：国家工商总局。

　　链家此轮融资的用途主要是为了扩大规模、完善大平台战略：门店与经纪人规模扩张、金融业务资金储备、新房包销模式资金投入、部门城市价格补贴、内部系统开发与线上平台建设、线上品牌推广，以及少量并购。

　　2016 年在火热的市场带动下，仅 1 ～ 11 月链家的交易额就超过 1 万亿元，全年链家收入超过 200 亿元，净利润达到 20 亿元。链家预测，2016

年公司将实现交易额 1 万亿元，收入 208 亿元，净利润达到 20 亿元。链家董事长左晖更是提出，到 2017 年，在链家交易平台上的房屋交易额要达到 1 万亿元，链家旗下拥有 10 万经纪人。届时，中国每出售 10 套房子，就有 1 套来自链家平台。

链家的高速增长，给资本带来了丰厚的回报。链家 B 轮融资估值 368.5 亿元，不到一年，以融创投资获得的股权估算，链家的估值进一步增长到 416 亿元。

四 案例启示

1. 投资要精选行业

链家的成功是其自身努力的结果，但是存量房市场的快速成长则给了链家起飞的空间，帮助链家更快地成长，所以行业的选择也很重要。

2000 年，全国商品房存量 1100 万套；2010 年，6200 万套；2015 年，1.25 亿套；2020，将达到 1.6 亿套。预计到 2020 年，房地产市场规模将超过 15 万亿元，其中二手房交易额 8 万亿元，占比超过一半。假设二手房交易佣金率按交易额的 1.5% 测算，则 2020 年全国二手房经纪业务收入将达到 1200 亿元。再加上衍生的服务需求，整个存量市场的规模届时将超过 2000 亿元。

高速成长的行业是投资者首要考虑的因素，因其能够给企业足够的成长空间，而在其中深入挖掘客户价值、获得客户认可的企业是值得尊敬的，也是投资者的上上之选。

2. 要投资创新型企业

创新是企业发展的源泉，一个企业必须在思想上、组织上创新，才能应对市场激烈竞争的风风雨雨。

2011年，链家在北京近郊的一个酒店里开了一个内部会，链家地产副总裁林倩事后回忆，"讨论的内容很简单：如何干掉链家？"与会的高管们被分成势均力敌的两队，一队负责用互联网思维来干掉链家（简称"互联网派"），一队作为传统中介琢磨如何应对（简称"传统派"）。在讨论互联网到底能在多大程度上取代传统中介时，"互联网派"几乎取得了压倒性的胜利。

这次会议直接影响了链家地产之后在线上的布局。从彼时起，每年投在链家在线上的资金都在亿元左右。多年布局下来，链家在线促成的二手房买卖成交量占到其整体成交量的30%左右，这一数字已经高出链家在其他互联网公司购买端口来促成成交的比例。"互联网派"与"传统派"们在碰撞中也讨论了二手房和新房、租赁与买卖以及金融这些业务未来的发展方向。

链家的这种创新思维帮助其提前实施战略布局，应对竞争压力，抵御市场风险。而反面教材就是二手房市场的早期拓荒者21世纪不动产，因为缺乏创新的动力而逐步被市场遗忘。因此，投资者在选择企业时要注重企业的创新基因。

3. 企业要有"护城河"

巴菲特理论指出，"一家真正称得上伟大的企业，必须拥有一条能够持久不衰的'护城河'，从而保护企业享有很高的投入资本收益率。"这条"护城河"就是企业具有的竞争优势壁垒，"那些所提供的产品或服务周围具有很宽的'护城河'的企业能为投资者带来满意的回报"。

看中了存量房市场的高成长性，各路资本纷纷杀入。除了链家，房天下（搜房网）、安居客、中原地产等均在资本的支持下，在存量房产业链上拓展产品线和增加市场布局，并且出现了互联网化的趋势。但是链家通过内部管理、经纪人利益共享机制、流程标准化、优化客户体验等方式，建立了"护城河"，并不惧怕竞争。

由于房屋交易金额大、周期长、非标化的特殊性，交易严重依赖于买卖双方的信任与诚信，而经纪人起到了重要的润滑作用，实体门店给了客户信心和担保，再加上链家的大平台战略爆发出的能量，使其构建了很宽的"护城河"，从而在存量房市场游刃有余。链家在北京市场占据头把交椅，并对其他城市虎视眈眈，让其他城市的中介都颇为紧张。而一度获得资本青睐的纯互联网平台房天下、爱屋及屋，虽然没有门店从而节约了租金成本，但是获取客户的思维和服务还是传统的，因而获客难度高、房屋资源匮乏，导致过去两年的发展远不如预期，其客源量、房源量、成交量都远远不及链家；而传统中介代表中原地产、21世纪不动产等的变革速度、管理水平都不如链家，在竞争中处于劣势。

因此，企业的"护城河"应该成为投资者注重的重要因素。链家的经纪业务手续费率虽然是业内最高的，但是能得到客户的认可，再加上衍生服务，从而保持了业内最高的利润水平，其业务的发展速度也很快，使投资者们相信能得到很好的回报。

案例五
投资机构败走博客网

博客是互联网自媒体的先驱，博客网的创始人方兴东是中国互联网界教父级的人物，他有着"互联网旗手"和"中国博客之父"之称。博客网从 2005 年开始大规模扩张，然后在 2006 年底销声匿迹，令人扼腕叹息，而多家著名投资机构也因此血本无归。

一 行业背景

博客中国创始人方兴东被称为中国的"博客之父"，是因为 2002 年，他将当时欧美流行的新型网络交流方式 Blog 引进中国，命名为"博客"。

方兴东 1996 年 3 月考入清华大学，攻读博士学位，原主攻方向为高电压技术。方兴东从给戴尔撰写公关稿开始接触 IT 行业，并用批判性的眼光看待中国 IT 行业的发展进程。1998 年，微软在中国的一系列举动引起了方兴东的注意，当传统媒体纷纷讴歌微软给中国带来无限商机的时候，方兴东从中看到的却是微软的 Windows 操作系统垄断中国的软件市场，危害中国软件业长远发展的事实。1999 年 3 月，《"维纳斯"计划福兮祸兮》一文横空出世，一夜之间扭转了"维纳斯计划"在中国的命运，成为中国 IT 史上最有影响的文章之一。两个月后，方兴东将他两年来的研究所得和一些后期作品以及部分别人的作品组织成《起来，挑战微软霸权》一书。

方兴东一举成名，其后发起创建国内第一家专业的互联网研究和咨询机构——中国互联网实验室，任董事长兼首席分析家。2000 年之后，方兴东发现自己撰写的一些批判性文章经常被公关，传统媒体和网站迫于广告业主的压力而下架方兴东的文章，由此方兴东失去了"话语权"，萌发了寻找新媒体的想法。

恰好新媒体评论家孙坚华告诉方兴东国外有 Blogger 网站，可以自己编辑、发表文章，方兴东研究后，认为这是一种前瞻性的网站形态，就和未来的博客网总裁王俊秀合作推出了博客中国的雏形。博客中国的两位创始人还联手发布了《中国博客宣言》，在其中，方兴东高呼，"博客文化能引领中国向知识社会转型，博客关怀能开启一个负责的时代"。

博客中国的初创期是艰苦的，最初的 200 个用户是方兴东一个电话一个电话拉来的，最初的专栏作者都是中国 IT 界的专家和学者。到了 2003 年，木子美事件则让大众开始逐步认识博客，竹影青瞳、流氓燕等人士的博客开始广为普及。

从此，博客网站的流量开始大幅度上升，逐渐吸引了投资者的目光。而 2003 年，Google 收购了全球最大的博客托管商 Blogger.com，上市后市值迅速超过 500 亿美元。这一事件更是让风险投资机构吃了一颗定心丸，开始试探性接触博客网。

二 博客网获得投资机构青睐

随着博客网站的流行，天使投资者和投资机构开始接触方兴东。2004 年 8 月，博客中国获得盛大创始人陈天桥和软银赛富合伙人羊东的 50 万美元天使投资。2004 年 11 月，博客中国进入 Alex 排名前 500 位，此时它仍然是一个口口相传的个人网站，甚至没有一位专职程序员。

随着资金的注入和软硬件的升级，加上博客推广的速度加快，2002 ~ 2005 年，博客中国始终保持每月 30% 以上的增长，从来没有停顿过。2005 年 5 月，博客网在 Alex 的排名升至前 100 位，后来最高达到 60 多位。

2005 年 7 月，博客网从个人博客网站成功转型为博客门户，将博客应用从网络日志转变成"个人传播、深度沟通、娱乐休闲"全方位的互联网新应用。而博客网的用户数字持续飙升，在投行看来，充满财富的诱惑。

因此，2005 年 9 月 8 日，著名风险投资公司 Granite Global Ventures、Mobius Venture Capital、软银赛富和 Bessemer Venture Partner 4 家公司投资了 1000 万美元。风投机构之所以看中方东兴的博客网，是因为看到了博客门户平台的良好发展前景，以及博客中国的超常发展。软银亚洲赛富基金中国区负责人阎焱表示，希望博客网能成为人们生活中的一部分，"因为我没有看到其他哪一个行业，每月连续增长超过 10%"。

博客中国的成功引发了中国 Web 2.0 的投资热潮：2014 年 7 月，胡之光的中国博客网拿到了超过 100 万美元的第一笔风险投资，投资人是 IDG 技术创业投资基金（IDGVC）；2004 年 10 月，BlogBus 获得维众创投 20 万美元投资。

三　失败的过程与原因

拿到第二轮融资后，"博客中国"更名为"博客网"，并宣称要做博客式门户，号称"全球最大中文博客网站"，方兴东还喊出了"一年超新浪，两年上市"的目标。

雄心勃勃的方兴东大张旗鼓地开始了扩张计划，这引起了专业博客同业者的竞争，也引来了门外其他互联网巨头的觊觎。

当"博客中国"导航条上的子频道不断增多、方兴东把自己的博客网置于与门户面对面竞争的境地时，其他几家专业博客网站也不甘示弱，高调宣布其庞大的融资和强劲的发展计划。

专业博客网的火热，也让门户网站看到了机遇。2005 年 9 月 8 日，新浪高调推出 Blog 2.0 的公测版，成为国内首家向专业网站"开火"的门户网站。很快，新浪以名人效应在博客领域进行了"圈地"运动。数字显示，短短两个月内用户已过百万。接下来的一个多月时间里，在强大宣传攻势的配合下，新浪邀请了众多媒体总编、人气网络写手、专家学者以及企业精英坐镇评委，力推余华、余秋雨、郭敬明、吴小莉、张靓颖等人的博客以提升人气。

紧接着，腾讯、搜狐、百度都成了方兴东的对手，并且新浪和搜狐都把博客作为一项战略业务来发展，要求每个频道都设置博客专员，倾全公司之力以发展博客。

门户网站的资源是专业博客网站无法比拟的，所以在博客大战中，以新浪为首的门户很快大获全胜。博客前五名里，再没有专业网站的身影。到 2006 年末，新浪、搜狐、网易等门户网站的博客力量完全超越了博客网等专业网站。

如果说，市场份额的丧失还可以归咎于客观原因的话，那么管理经验的不足则放大了博客中国的失误，最终让方兴东败走麦城。

方兴东拿到融资后，首先就是招兵买马，计划 1 年内把员工数扩张到 1000 人，最终扩张到了 400 余人，从多家互联网知名企业招聘了高级人才，一度有 10 多个总监、副总监。员工杂了，拉帮结派成了常态。执行力成了最大的问题，几乎所有的老员工都对会议之多、议而不决的现象记忆犹新。

其次是盲目扩展业务线。方兴东透露，博客中国 2004 年的收入达 200 万元，预期 2005 年将达到 1000 万元，收入模式将包括三块：目前的主要来源广告费（针对特定人群），无线增值业务（移动 blog 将成为未来的主流服务），以及最具成长性的用户增值服务（如视频 blog 服务等）。除了常规的网络广告、短信增值服务，方兴东先后尝试了个人广告、虚拟物品、企业博客等多种产品，由于全面出击导致兵力分散，包括博客电影、迷你博客、维客中国、企业博客等业务纷纷无疾而终。

于是在短短半年的时间内，千万美元很快就被挥霍殆尽。随后博客网拉开了持续 3 年的人事剧烈动荡，方兴东本人的 CEO 职务也被一个决策小组取代。2006 年底，博客网的员工缩减恢复到融资当初的 40 多人。

2008 年 10 月博客网卷入裁员关闭的危机之中，宣布所有员工可以自由离职，此举被认为与博客网直接宣布解散没有任何区别。最终，博客网由中国的博客"先驱"变成了"先烈"。

四　案例启示

博客作为 Web 2.0 时代的一个产物，无疑是互联网发展过程中的一大跨越，引领互联网进入了自媒体时代，博客本身是成功的。但对于博客网自身，它让投资人的大把美元化为乌有，从引领 Web 2.0 的先驱成为无人问津的弃儿，是彻底的失败。

1. 好的研究者并不一定是个好的管理者

无论是方兴东自己还是熟悉他的人，都一致认为他是个学者或文人，而绝非熟谙管理和战略的商业领袖，没有掌控几百人的团队和千万美元级别资金的能力。虽然方兴东对互联网有深刻的理解与研究，但他不是一名合格的管理者，网站扩张过快、管理混乱，方兴东作为董事长要负主要责任，在管理下属中失之于宽更是致命的缺陷。比如，方兴东习惯盯着每日流量、发稿数量，但博客网遭遇流量瓶颈后，技术部门后来的每日统计就不报送了，而方东兴也没有因此强制或处罚下属。

2. 互联网企业要有"余粮"

博客中国融资后即开始无节制地花钱，当运营计划没有达到预期，也没有及时进行调整，导致很快就烧光了 1000 万美元。经营者要明白，互联网企业的市场风云变幻，数据和客户的波动更大，一旦资金不继，而发展前景不符合预期，后续的融资就会遭遇困难，倒闭是分分钟的事。如果能够对融来的资金精打细算，有计划、有目的地使用，那么就有机会在遭遇发展瓶颈或互联网寒冬时生存下来。

3. 专业网站需要深耕细作

从互联网企业发展进程来看，专业网站一般针对小众客户，流量有限，难以与门户网站、"BAT"等互联网大鳄直接 PK。发展早期的高速增长不代表专业网站一定能够突破自我局限，期望通过宣传、免费等常规手段黏住客户、增长流量是不可持续的。必须在细分行业内深耕细作，逐渐摸索可行的商业模式。此外，网站要有良好的客户体验，这样才能留住客户。博客中国在扩张过程中，IT 升级后导致部分账号丢失、无法分类索引、网页设计 bug 多等，都令客户痛苦不堪，只能"搬家"到其他博客网站，从而损失了流量，失去了客户的口碑。

4. 投资机构需要做好投后管理工作

博客中国接受投资机构的融资后，跑马圈地地无序扩张并没有引起投资机构的警惕，在公司管理问题上也未能帮助方兴东组建一支合格的管理团队。博客中国是方兴东一个人创立起来的，所以老员工容易存在崇拜心理，加上方兴东的自我意识，如果没有一个成熟的管理团队帮助其成长，结果必然内耗严重。所以，投资机构不能只满足于做一个财务投资者，需要加强投后管理工作，对初创企业给予全方位指导，在公司管理、战略发展、经营策略等各方面给予帮助，呵护企业成长壮大。

第二章
改革与改制

国有企业改革是经济体制改革的中心环节。根据中央关于国企改革的精神，主业处于充分竞争行业和领域的商业类国有企业，原则上都要实行公司制股份制改革，积极引入其他国有资本或各类非国有资本实现股权多元化，国有资本可以绝对控股、相对控股，也可以参股，并着力推进整体上市。截至2015年底，全国国有企业资产总额已达119万亿元，所有者权益40万亿元，但是国有资产的资产证券化率不到三分之一。预计未来几年将有数十万亿元的国有资产实现证券化。国企改革大多数会通过并购、重组、上市的方式进行。随着国企改革进一步深入，股权投资也将迎来重要的投资机遇。

　　除了国有企业改革，事业单位改制也是改革的重要内容。我国的事业单位是国家为了社会公益目的、由国家机关举办或者其他组织利用国有资产举办，从事教育、科技、卫生等活动的社会服务组织，是计划经济体制下的产物。在计划经济时代，我国成立了很多事业单位，但其中一些逐渐偏离了使命，变得逐利，实际已经成为营利性单位。缺乏监管的事业单位，管理水平低下、成本费用虚增，导致大量的国有资产流失，并挤占了公益性事业的资源。因此，对经营性事业单位改制，实行企业化运作，提高国有资产效益，是解决事业单位体制改革的重要途径。在事业单位改制为企业的过程中，蕴藏着很多投资机会。

案例六
中石化混合所有制改革

十一届三中全会以来，随着我国经济体制改革的不断深化，我国石油经济管理体制也逐步由计划经济向社会主义市场经济体制转变。目前，三大国家石油公司大体完成了从政企不分到企业的角色转变，不仅打破了地域限制，开展有序竞争，而且正努力提高自身的国际竞争力，在更大的范围参与国际竞争。随着我国石油市场的逐步开放，石油市场的竞争主体正在不断增加，石油行业的市场化程度正在逐步提高。与此同时，石油行业存在的政府管理职能弱化、法律法规体系不健全、缺乏系统的石油产业政策、没有独立统一的监管部门、未形成反映资源稀缺程度的价格机制等一系列问题也暴露出来，石油经济体制在总体上仍不适应我国社会经济发展的需要。在此背景下，十八届三中全会将国企改革提上议程，其中石油经济体制改革成为重中之重。

一　混合所有制改革的动因

混合所有制改革应着力于解决中国经济粗放型、外向型的增长方式转变问题，同时服务于解决社会矛盾加剧、政治根基动摇问题。经济稳步增长和社会、政治稳定两者要兼具，不可机械地只谈其一。而将经济增长和社会、政治稳定相统一的重要途径，就是通过混合所有制改革，更好地加强公有制的主体地位，巩固中国基本经济制度。对于这一点的认识，习近平同志在十八届三中全会上进行了说明："要积极发展混合所有制经济……有利于国有资本放大功能、保值增值、提高竞争力。这是新形势下坚持公有制主体地位，增强国有经济活力、控制力、影响力的一个有效途径和必然选择"。

随着经济增长放缓，很多传统行业的国有中小企业利润下降，甚至转为亏损，不良贷款重现。这些企业效益差、冗员多、历史包袱重，缺乏市场竞争力的劣势也逐渐凸显。管理层希望通过改善国企的经营模式和治理结构，让市场嗅觉更敏锐的社会资本参与到国企的生产、销售、产业布局和战略规划中来，提升国企整体效率。而对于新一轮国企改革，通过混合所有制或者股权多元化改革，就是要让基本经济制度的红利充分释放出来。虽然现在有新的表述，将混合所有制作为实现国家基本经济制度的重要形式，"但国有资本、集体资本和非公资本相互参股的性质没有变化"。

引入社会资本和民营资本，有利于在石化公司内部进一步构建由国有资本与其他社会及民营资本共同持股、相互融合的混合所有制经济实体，有利于通过各种所有制资本取长补短，同时，也有利于加快中国石化专业化发展步伐。在投资者和监管机构的共同监督下，促使企业进一步完善体制和机制，不断探索新的商业模式，提升市场化运营水平。有学者给出建议，现阶段混合所有制的实现，大致可从三个层面推进：企业层面的混合、资本层面的混合和国有资本投资项目层面的混合。

对于中石化来说，一方面，销售业务板块的拆分，显示出中石化对竞争性业务市场化的迫切需求，期望通过股权多元化来进行去行政化的改革。中石化指出，引入社会资本和民营资本，有利于在公司内部进一步构建由国有资本与其他社会资本以及民营资本共同持股、相互融合的混合所有制经济实体，有利于通过各种所有制资本优势互补、相互促进、共同发展。另一方面，销售公司本身的盈利能力和网点资源，以及品牌优势和客户资源，也令社会资本摩拳擦掌。全国万座加油站、万家易捷便利店的分布，以及成品油销售份额，使业务扩展的想象空间巨大、发展潜力巨大。通过引入多种资本后的中国石化销售有限公司，将建立起投资者和监管机构共同监督的有效监管机制，进一步完善企业内部管理的体制机制，不断探索新的商业模式，逐步提升市场化运营水平。在竞争激烈的国际石油市场率先调整竞争策略，提高国际竞争力。

二　混合所有制改革过程

中石化混合所有制改革的顶层设计可以追溯到 2011 年。2011 年曾成功推动中海油海外上市的中石化集团公司总经理傅成玉，提出中石化的改革和重组方案，并构想将企业主营业务板块拆分上市。中石化从 2008 年开始大力推动加油站非油品业务，目前便利店数量超过 23000 家，汽车业务站点 300 余座，2013 年非油品销售收入达到 134 亿元。然而，销售公司目前的非油品业务仅占公司整体营业收入的不到 1%，占整体毛利水平仅约 2%，而美国零售店（含油品）非油品销售毛利往往能达到毛利总额的 50% 左右。

2014 年 4 月，中国石化实施销售业务内部重组，将 31 家省级分公司及其管理的长期股权投资、中国石化燃料油销售有限公司、中石化（香港）有限公司、中石化（香港）航空燃油有限公司的业务、资产、人员全部注入销售公司（注册资本增加为 200 亿元人民币）。2014 年 6 月中国石化发布公告，销售公司拟通过增资扩股的方式引进民间资本，股权转让比例不超过 30%，由此率先举起了混合所有制改革的大旗。2014 年 9 月 14 日晚，中石化发布公告，披露了其子公司中石化销售公司完整的引资名单，共有 25 家投资者最终入围。25 家投资者将共计斥资 1070.94 亿元认购中石化销售公司 29.99% 的股权。

这次混合所有制改革完成后，中石化将持有销售公司 70.01% 的股权，25 家投资者持有 29.99% 的股权。其中，在最终确认的 25 家认购机构中，国内投资者 12 家，投资金额 590 亿元，占比 55.1%；产业投资者以及产业投资者组团投资共 9 家，投资金额为 326.9 亿元，占比 30.5%；同时，惠及百姓民生的投资者有 4 家，投资金额 320 亿元，占比 29.9%。

此外，涉及民营资本共 11 家，投资金额 382.9 亿元，占比 35.8%。值得一提的是，这 25 家投资者分别包括了保险公司、私募股权基金、跨界产业资本等，而复星、腾讯、海尔等 9 家产业巨头及嘉实基金、中国人保等也囊括其中（参见表 6 – 1）。

序号	表6－1 25家投资者认购情况及股权占比一览			
	投资者名称	认购股权（亿股）	认购价款（亿元）	持有比例（%）
1	北京隆徽投资管理有限公司	1.2	15	0.42
2	渤海华美（上海）股权投资基金合伙企业（有限合伙）	4.8	60	1.68
3	长江养老保险股份有限公司	4	50	1.40
4	CICC Evergreen Fund, L. P.	2.06	25.75	0.72
5	Concerto Company Ltd.	1.14	14.21	0.40
6	Foreland Agents Limited	0.97	12.18	0.34
7	工银瑞信投资管理有限公司	1.6	20	0.56
8	Huaxia Solar Development Limited	0.32	4	0.11
9	HuaXia SSF1 Investors Limited	6.2	77.5	2.17
10	嘉实基金管理有限公司	4	50	1.40
11	嘉实资本管理有限公司	8	100	2.80
12	Kingsbridge Asset Holding Ltd.	2.88	36	1.01
13	New Promise Enterprises Limited	2.72	34.02	0.95
14	Pingtao (Hong Kong) Limited	1.72	21.53	0.60
15	青岛金石智信投资中心（有限合伙）	1.2	15	0.42
16	Qianhai Golden Bridge Fund I L. P.	8		
17	深圳市人保腾讯麦盛能源投资基金企业（有限合伙）	8		
18	生命人寿保险股份有限公司	4.4	55	1.54
19	天津佳兴商业投资中心（有限合伙）	1.94	24.25	0.68
20	新奥能源中国投资有限公司	3.2	40	1.12
21	信达汉石国际能源有限公司	4.92	61.5	1.72
22	中国德源资本（香港）有限公司	2.4	30	0.84
23	中国人寿保险股份有限公司	8		
24	中国双维投资公司	0.8	10	0.28
25	中邮人寿保险股份有限公司	1.2	15	0.42

2015 年 3 月，25 家投资者与中石化销售公司完成 1050 亿元资金交割。中石化此次公告称，引资完成后，中国石化将和投资者一起，完善销售公司的公司治理和体制机制。具体而言，销售公司将建立多元化的董事会，初步考虑，销售公司董事会由 11 名董事组成，其中中国石化派出董事 4 名，投资者派出董事 3 名，独立董事 3 名，职工董事 1 名。董事长由董事会选举产生。

中石化销售公司的新兴业务主要指油品以外的业务，包括便利店、水产业、汽车服务与快餐、金融保险、车联网与 O2O 等。2015 年，中石化销售公司的新兴业务交易额达到 248 亿元，同比增幅达 45%，利润同比增长 163%。2013～2014 年，该公司新兴业务销售收入分别为 133.5 亿元、171 亿元。混合所有制改革后，重组后的销售公司各方面都取得了很大的发展，未来非油业务的收入与利润贡献比重有望扩大，甚至可能向互联网经济模式转型。虽然中石化销售公司还没有实现上市目标，但可以预计，参与混合所有制改革的投资者将会取得丰厚的回报（参见图 6－1）。

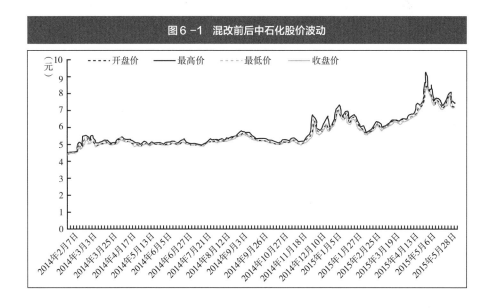

图 6－1　混改前后中石化股价波动

三 案例启示

1. 紧跟国家政策，做好顶层设计

十八届三中全会提出混合所有制改革之后，中石化混合所有制改革被媒体称为"打响了央企混合所有制改革的第一枪"，是央企混合所有制改革的一次重要试验。对于此次中石化混合所有制改革的体会，中石化集团董事长傅成玉总结了三点：第一，国有企业国有经济不是越做越小，控制力不是越来越小；第二，不是国有资产流失；第三，更不是私有化。通过增资扩股方式，原来的国有股份没变，但是"饼做大了，控制力就增强了"，"没有把国企做小"。同时，也没有把国企贱卖，价格由市场说了算。

中石化集团领导对这次混合所有制改革非常重视，确保了央企首例混合所有制改革的成功。自 2014 年 2 月 19 日中国石油化工股份有限公司董事会通过《启动中国石化销售业务重组、引入社会和民营资本实现混合所有制经营的议案》，到 2014 年 9 月公司第五届董事会第二十次会议对公司重大资产重组议案审议决议的通过，再到 2015 年 1 月商务部的批准，最终在 2015 年 4 月重组完成，这中间短短一年的时间里，公司高层内部以及与合作机构之间频频举行会议会谈，为中石化销售有限公司的重组扫清了道路。

2. 引进战略投资，实现股权多元化

为促进产业结构升级，增强核心竞争力和创新能力，国有企业可引入在资金、技术、管理、市场、人才等方面具有优势的战略投资者，形成混合所有制结构。对于处于充分竞争领域且国有资本持股比例较高、经营机制不够灵活的企业，战略引资尤为适用。通过引入外来资本，构建公司多元化股权结构。外来资本带来的现代企业制度以及新鲜的现代企业管理机制，能够激发企业的活力，实现管理能力及执行效率的同步提升。

中石化混合所有制改革还有一个亮点，就是增资扩股和减资转让。增资扩股，即国企通过增资扩股的方式吸纳非公资本参与；减资转让，即国企将部分国有产权通过转让流转的方式推向社会资本。为了给投资者呈现一个全新的企业形象，这次改革采用了新设公司的方式，即国企与社会资本及民营资本共同出资成立新公司。

3. 公募基金参与投资，创新国企混改模式

由嘉实基金公司设计的对接中石化"混改"的公募基金产品"嘉实元和直投封闭发起式基金"获得证监会批准，是国内首只获批的国企"混改"基金。对公募基金业而言，嘉实元和的诞生还有更深刻的意义：其对公募基金创立 16 年以来的投资范围进行了重大突破，首开公募基金投资非上市股权先河，同时还突破了基金投资固有的 10% 的上限。作为首家开启混合所有制改革的央企，中石化的样本作用显著，而公募基金产品参与混改也将是未来公众资本参与央企改革的可复制之路。未来，中石化销售公司或许还将剥离上市。如果成行，这也将是公募基金参与混改和 PRE – IPO 股权投资的重大创新突破。

十八届三中全会对混合所有制改革的含义重新进行了界定，强调了资本市场在混合所有制改革中应该发挥的作用。这次中石化混合所有制改革正是以资本市场为依托，确保了过程的公正、公平、公开、透明。为避免国有资产流失，中石化混合所有制改革一开始便确定了公开、公正、公平、透明的"三公一透"原则。在实际操作过程中，中石化通过量化考核的方式公开竞聘，选取了中金公司、德意志银行集团、中信证券、美国银行集团等 4 家公司为销售业务重组财务顾问，引资工作中亦采用多轮筛选、竞争性谈判的方式，分阶段实施，确保了中石化混合所有制改革项目的顺利、有序推行。

案例七
中国平安收购上海家化

近年来，日化行业发生多起中国品牌被并购的案例，"小护士""大宝""丁家宜"等都已先后被外资收购，上海家化成为日化产业仅剩的本土大品牌。就产业环境而言，它的坚守有着不言而喻的意义。2011 年 11月 7 日，中国平安发布消息称平安信托旗下上海平浦投资有限公司最终成功获得上海家化集团 100% 的股权。随着经济的发展，企业并购活动屡见不鲜，但大多数并购都是并购方积极寻找被并购方，扩充自身实力。而在此次并购中，作为被并购方的家化集团与原东家上海市国资委一起参与到对并购方的选择过程中，并发挥了较强的自主性。上海家化集团这种主动参与集团并购改制的案例在我国企业并购史上较为罕见。分析该案例可以得出一些启示，为后来者提供借鉴。

一 我国保险资金发展背景

中国平安是中国第一家股份制保险企业，目前已发展成为融保险、银行、投资等金融业务为一体的整合、紧密、多元的综合金融服务集团。其寿险业务份额在整个寿险市场的占有率为 12%，其产险业务份额仍以每年一个百分点的速度提高其市场占有率。从保费收入来衡量，平安寿险为中国第二大寿险公司，平安产险为中国第二大产险公司。中国平安认为国际金融业发展的趋势将是由昔日的分业走向混业，通过集团控股的组织模式实行分业经营和专业化管理，逐步实现低成本、高效率和提高国际竞争力的集团优势。

过去 30 多年是我国保险业快速发展、资本快速积累的时期。自 1980年我国保险业复业到 1999 年，我国保险业快速发展，实现了总保费收入突破千亿元，保险业总资产超过 2000 亿元。1999 年以后，随着我国对外开放程度的加深以及市场经济制度逐渐完善，国民的保险意识逐渐增强，保险业继续保持着较高的增长速度。1999 年以来，我国的保费收入量保持着年均22%的较高发展速度，其中寿险的保费收入年均增速为20%。截至2015年，中国平安的总保费收入达2.4万亿元，与1999年的1406.17亿元相比增长了16倍多。此外，在这十几年间保险业的总资产增长了60多倍，突破12万亿元大关，总资产累积达120794.25亿元。保险企业资本的积累为保险行业参与实业经济提供了基础。

保险行业的快速发展实现了必要的资本积累，但险资闲置资金的合理配置成为保险公司又一个值得思考的问题。而对险资投资管制的放宽为保险公司资本优势的发挥扫清了障碍。例如，从2006年起，保险资金可以通过间接基础设施投资进入交通、能源、通信等国家重点基础建设项目；2015年4月放宽险资入市比例也在意料之中。

与此同时，我国日化市场需求潜力巨大，增长稳定，市场前景广阔。日化行业覆盖日常生活的各个领域，行业容量巨大，市场整体需求稳定。一方面，庞大的人口资源决定了我国的日化行业拥有全球最深广的国内市场，而中国宏观经济的稳定发展与居民收入的持续快速增长，则是日化市场在我国迅速发展的强有力支撑。另一方面，环保、健康消费观念的不断加强，使消费者更加注重品质，新型消费模式下的我国消费行业正处于创新成长期，而以化妆品为代表的日化行业具有巨大的发展潜力。

上海家化集团是我国国内化妆品行业首家上市企业，公司以自行开发、生产和销售化妆品、个人护理用品以及洗涤类清洁用品为主营业务，一直是中国日化行业的支柱企业。公司拥有国家级科研中心，吸纳了一百多名跨越不同学科的高端人才，并与国内外尖端科研机构展开战略合作，研发成果和专利申请数量居国内行业的领先水平，在中草药个人护理领域居全球领先地位；公司拥有国内同行中最大的生产能力，产品涵盖护肤、彩妆、香氛、家用等各领域，是中国最早通过国际质量认证的化妆品企业，更是中国化妆品行业诸多国家标准的制定者之一。在与国际巨头竞争的中国化妆品市场上，公司采取差异化的品牌经营战略，创造了"佰草集""六神""美加净""高夫""清妃"等诸多中国著名品牌，在众多细分市场上建立了领导地位。

二　平安并购上海家化的动因

从中国平安的角度看，通过并购上海家化这样的企业进入日化行业，可以实现集团多元化经营。根据平安公开的信息，其目标最终不仅停留在日化行业，而是要打造集日化、旅游地产等为一体的时尚集团，这种企业发展战略需要找到一个切入点，上海家化作为唯一一家拥有百年历史的本土日化企业，除了悠久历史外，其本身实力也不容小觑，由此便成为中国平安的并购目标。

追求利润最大化是现代企业从事生产经营活动的目标。中国平安投资上海家化是为了追求投资收益。投资上海家化可以实现平安布局内需产业，提高中国平安的资产回报率。平安投资上海家化是看到了上海家化旺盛的生命力和广大的市场潜力，同时看到了随着经济的发展、居民消费的增长，日化市场的巨大潜力，另外随着外资日化高端产品争夺的白热化，民族品牌必然崛起。

平安承诺将支持并长期经营上海家化光大民族品牌的理念，把平安雄厚的资本实力、综合金融服务、全方位资本市场运营、国际化视野与网络、强大的投资执行力、独具特色的平安文化、卓越的价值创造力以及充分的协同效应等优势嫁接到上海家化集团，在品牌推广、产业链完善、时尚产业拓展、渠道网点建设、客户资源共享、技术研发和法人治理等方面提供帮助和支持。

从上海家化的角度看，融入社会资本，是为了增强行业竞争能力。当前我国大部分国内日化品牌要么因经营不善而破产消失，要么被国际巨头收购或者并购后雪藏，如强生收购大宝等。国际品牌规模提升到一定程度，市场份额到了高点，会带来话语权和影响力上的优势，这给上海家化在行业内的生存带来很大的压力。平安承诺未来 5 年注资 70 亿元，在 2013 年以前，帮助上海家化申请获得直销牌照，并愿意推动 45 万人的寿险业务员团队帮助上海家化全力打造全新直销体系，另外，平安计划通过 1 号店平台，迅速拓展上海家化网络营销渠道与电商渠道。

上海家化力争做行业内民族领头品牌，而从平安惯用的经营策略来看，平安更强调集团文化和集团品牌的秉承发展。上海家化尽管在化妆品行业具有一定的优势，但也需要大量资金实现新产品的研发、推广，从而巩固自己的优势，扩大市场占有率。中国平安一直以来趋向于混业经营。进军日化行业后，由于对管理日化产品缺乏有效经验，故希望利用上海家化的资源优势对集团的内需投资板块进行更好的整合，实现集团内部的协同效应，发挥并购重组 1 + 1 > 2 的作用。鉴于以上因素，中国平安顺利并购上海家化集团也就不足为奇。

从上海国资改革的角度看，上海家化集团也期望通过建立现代企业制度来消除国资管理中的痼疾：按照国资管理规定，上海家化作为国有企业，所有投资项目仍需完成审批流程，公司治理难以有效发挥作用；无论管理层的贡献多大，期权激励的额度不能超过工资收入的 30%，因而难以建立有效的激励机制。在国企改革的大背景下，上海国资委主动借助市场力量改制国有企业，建立现代企业制度，为上海家化与中国平安的合作奠定了基础。

三 并购过程和效果

2008 年 9 月，上海市国资委发布《关于进一步推进上海国资国企改革发展的若干意见》，拉开了日化行业首例并购大案的序幕。2011 年 9 月 7 日，上海市国有资产监督管理委员会表示将以公开挂牌方式出让所持有的家化集团 100% 的国有股权，挂牌价格为 51.09 亿元，其中家化集团所持上海家化股权作价 43.9 亿元。2011 年 12 月，上海家化公告其母公司家化集团自改制以来，平安保险、中投公司、淡马锡、复星集团、海航集团、中信资本、鼎晖、红杉、弘毅等多家金融机构/实业公司均曾有意出价竞购。

对于这样的并购目标，中国平安从一开始就志在必得。虽然在挂牌之后，也有过许多海内外的资本或企业与上海家化深度接洽，但是上海国资委和上海家化已经把中国平安列为重点考察目标。到了最后的激烈竞争时期，只剩下了上海复星产业投资有限公司、上海平浦投资有限公司、海航商业控股有限公司三家争夺的局面。但是很快复星集团就戏剧性地退出了此次竞购。在最后的两强角力中，虽然历经波折，代表中国平安的上海平浦投资有限公司最终胜出。

2011 年 11 月 7 日，上海家化发布公告，称平安信托旗下公司平浦投资为家化集团 100% 的股权受让人，成为上海家化的控股股东，备受市场关注的股权竞购战终于尘埃落定。有分析人士认为，由于平安有对云南白药等相关项目的收购经验，而这些经验与此次竞购上海家化密切相关。另外，海航的扩张战略或许让上海家化和上海国资委等心存疑虑，出于稳妥考虑，所以最终还是选择了平安。此次并购交易完成后，平安信托旗下公司平浦投资为家化集团 100% 的股权受让人，成为上海家化的控股股东（参见图 7-1）。

上海家化经历改制、脱离国资背景后，业绩迎来猛增。根据上海家化业绩公布，2012 年预计营收 39.4 亿元，实际营收 45 亿元，增长了 26%，归属于上市公司股东的净利润为 6.14 亿元，同比增长超七成。中国平安收购上海家化案例是上海家化自主选择兼并方的一起案例，同时中国平安旗下平浦投资兼并家化的最大动因是为了追求投资收益，所以以下以上海家化的角度对兼并结果进行评价。

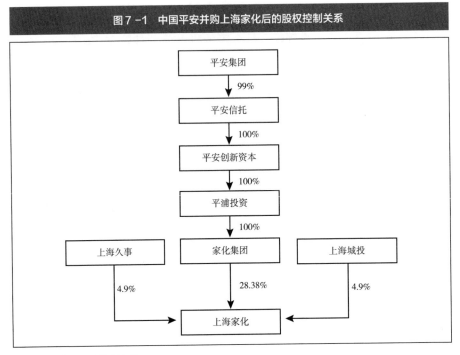

图7-1　中国平安并购上海家化后的股权控制关系

资料来源：建投研究院。

从市场表现来看，上海家化的每股收益逐年增长，2012年同比增长65%；2012年扣除非经常性损益后的基本每股收益虽减少了约14%，但仍比以往年份高。年报显示，2012年上海家化实现营收45.04亿元，同比增长25.93%；归属于上市公司股东的净利润为6.14亿元，同比增长70.14%；基本每股收益1.41元，同比增长0.85%；拟向全体股东每10股送5股，派现7元。上海家化积极推行股权激励政策，所以2012年其基本每股收益出现了较大的发展（参见图7-2）。

2012年营业收入同比增加25.93%，营业利润同比增加38.57%，各项指标同比增加表明在改制后的一年里，上海家化主营业务在得到资金、销售渠道的支持下得到了较大的发展。2012年上海家化的净资产收益率为23.18%，较2011年上升了2.21%，说明改制后的一年里上海家化快速增

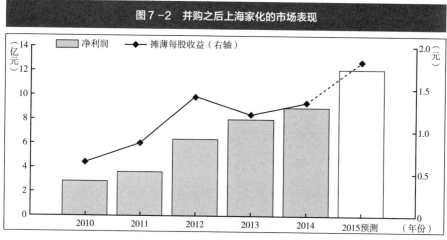

图7-2　并购之后上海家化的市场表现

资料来源：建投研究院。

长，公司整体资产收益得到较大的提升。公司资金来源绝大多数来自股东权益，近30%来自债权。2012年股东权益较2011年上升4.94%，可以看出中国平安为上海家化带来了强有力的资金支持。

2015年11月1日，上海家化发布了要约收购股权的公告，称上海太富祥尔股权投资基金合伙企业向除上海家化集团及上海惠盛以外的上海家化股东发出部分收购要约。要约收购股份数量为2.089亿股，占上海家化总股本的31%，价格为40元/股，所需最高资金为83.58亿元。上海太富祥尔股权投资基金由平安德成公司实际控股，而后者又由中国平安间接控股。加上此前由平安人寿拟以84.4亿元通过协议收购方式获得上海家化集团持有的27.07%的股权，"平安系"前后耗资168亿元，一举成为上海家化的绝对控股股东。

四　案例启示

1. 相契合的共同发展理念

在上海家化更为重视的直销体系拓展、品牌营销等方面，直销出身的平安集团显然更具优势，而且平安集团为家化集团制定的发展战略，可谓完全依照家化集团所想而展开，如帮助上海家化打造网络品牌、拓展网络营销渠道与电商销售渠道；愿动用自身45万销售人员在2013年以前为上海家化申请直销牌照；在品牌拓展方面，平安集团不仅答应提供资金支持，而且还承诺推荐合适的收购对象等。在对未来家化集团的长期规划上，平安集团给出了有利于双方的战略部署。

2. 兼并收购也要讲究"门当户对"

平安集团保险资金的稳定性与长期性是其一大特点，且其2010年总资产规模达11716亿元，现金及现金等价物超过809亿元，可见平安集团的资本不仅稳定性较强且规模较庞大。在资源支持方面，保险出身的平安集团不仅拥有丰富的直销经验，其强大的直销团队对上海家化直销体系及品牌拓展等目标的实现也具有辅助作用。上海家化此次股权改革的目的是国有资产从家化集团退出，使家化集团可以摆脱国有体制束缚、转向多元化发展，而多元化战略的实施需要强大的资金作为支撑。

3. 保持管理层与员工的稳定性

保留被并购企业稳定的员工队伍，尤其是中层管理人员是并购成功的关键。平安集团作为保险行业一员，对日化业并不熟悉，收购后大批撤换原管理团队的可能性不大，因此并购后经营团队仍较稳定。相对于员工工资待遇、福利安排，更为重要的是，要防止公司易主后大批裁员、短期内再次被出售等情况发生。这也体现了家化集团对员工稳定性问题的重视。而平安集团完全同意家化集团提出的员工安置计划，这在竞购者的评分标准中占据了15%的权重。

案例八
中信医疗参与汕尾公立医院改制

随着我国事业单位改制的深入，医改逐渐转向市场化的路径，中央和地方层面鼓励社会资本办医的文件次第出台，财力日趋紧张的地方政府也有现实需求，资本的"触角"顺势从民营医院延伸到了公立医院。广东汕尾和中信医疗合作的公立医院股份制改造就是一个非常典型的例子。实际上，公立医院的非营利性及其事业单位属性决定了这是一项非常复杂的系统工程。医院资产如何作价评估、股份如何划分、人员如何安排以及将来如何在确保公益性的前提下实现盈利，对收购双方来说，处处皆是未知数和挑战。

一　我国医疗体制改革的背景

我国医疗体制改革一直致力于缓解医疗服务供需矛盾，最早可追溯到20世纪70年代。城镇地区及乡村地区依各自特点分别进行改革。首先是城镇方面，我国城镇地区医改经历了公费、劳保医疗制度，城镇医保改革和试点，确立了全国城镇职工基本医保制度，完成了多层次医疗保障系统的探索等阶段。至2009年，我国城镇居民基本医疗保险制度已完成了试点的经验总结，并计划在全国范围内进行推广普及。我国农村地区医疗保障制度的核心是农村合作医疗制度。在新型农村合作医疗制度的建设工作已积极展开的背景下，我国农村医疗保障制度已朝着多样化的方向进行了探索与完善。

2009年7月22日，国务院办公厅发布了《医药卫生体制五项重点改革2009年工作安排》，迈出了新一轮医改的步伐。这次医改的目标主要体现在以下五点：一是加快推进基本医疗保障制度建设；二是初步建立国家基本药物制度；三是健全基层医疗卫生服务体系；四是促进基本公共卫生服务逐步均等化；五是推进公立医院改革试点。以上所提及的这些方面还分别涵盖了多条细化准则以便各部门具体执行。

2012 年 4 月 14 日，国务院办公厅发布了《深化医药卫生体制改革 2012 年主要工作安排》（简称《安排》）。此次《安排》提出的医改要点主要体现在以下三个方面：一是加快健全全民医保体系；二是巩固完善基本药物制度和基层医疗卫生机构运行新机制；三是积极推进公立医院改革。至此，我国医改的重心逐步从之前的"基层"上移到"公立医院"，涉及的问题更加烦冗。同时，对有意在医疗服务领域开展投资的机构而言，则意味着新的机遇。

二 中信参与汕尾改制方案

中国中信集团是中国最大的综合性企业集团之一，截至 2013 年底，集团总资产已近 4 万亿元，净利润 300 多亿元，在香港实现了整体上市。在美国《财富》杂志评选的 2014 年世界 500 强企业排行榜中，中信集团排名第 160 位。作为中信集团的全资一级子公司，中信医疗于 2011 年 6 月挂牌，主营业务涉及医疗健康产业的上下游产业链，包括医疗投资与管理、养老及健康管理、医药配送、医院后勤服务等，已经拥有中信湘雅生殖与遗传专科医院、中信惠州医院、杭州整形医院、杭州手外科医院、深圳与厦门健康管理中心。

广东省汕尾市地处粤东海滨，在广东省 21 个地级市中，其经济居于末位。2014 年，汕尾市的财政收入仅为 481 亿元。作为欠发达地区，其公共财政支出低，在医疗服务方面明显投入不足。根据汕尾市卫生计生委的统计数据，2013 年汕尾市每千人病床数是 2.37 张，而全省平均是 3.55 张。2013 年，汕尾市迎来了一个重大挑战和发展机遇。广东省出台《关于进一步促进粤东西北振兴发展的决定》文件，明确提出对地区医疗服务体系的要求，力争粤东西北各市至少有 1 家医院达到三级甲等标准。汕尾市人民医院当时属于三级医院，但尚未定等。为此，汕尾市着力酝酿公立医院改制蓝图，希望借助社会资本加快其发展。

中信医疗早在 2013 年就赴汕尾市开展合作洽谈，在市政府的积极推动下，改制过程尚算顺利。2014 年 8 月，中信医疗和医院签署了《汕尾市直公立医院改革合作协议》《改制涉及医院发展与职工权益方面的方案》。根据协议，双方最终确定的改制方案如下：双方合作的范围包括三家市直属公立医院，三家医院的所有资产由汕尾市政府通过公开招标选择的三家公司共同完成资产评估，国资委将在此基础上以部分资产出资；由于医院改制之后继续保持其非营利性，其品牌价值并未评估在内，双方约定合资成立一家投资公司，并确定汕尾市国资委和中信医疗的持股比例为 4∶6（参见图 8−1）。2015 年 2 月，双方合资成立中信汕尾医疗投资管理有限公司，三家市直属公立医院移交给该合资公司。

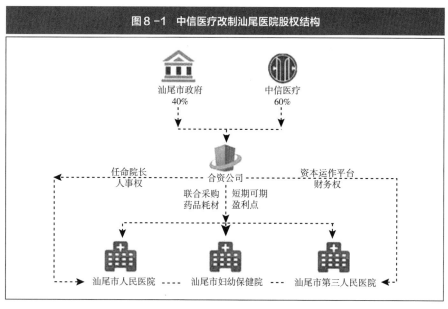

图 8−1　中信医疗改制汕尾医院股权结构

资料来源：笔者根据资料整理。

中信汕尾医疗投资管理有限公司成立后，由该公司作为三家医院的举办人对医院后续建设投入资金。根据双方达成的协议，未来拟投资 2 亿元至汕尾市人民医院。2016 年前将其按照三甲综合医院的标准进行配套建设，重点建设心血管内外科、神经内科、骨科、外科等；拟投入 1 亿元至汕尾市妇幼保健院，采用择址改建的方式，2017 年前按床位 300 张及三甲医院的标准建成并投入使用；拟投入 5000 万元至汕尾市第三人民医院，2016 年前按第一期规划床位 200 张及二甲精神病医院标准建成并投入使用。

三　中信医疗成功的原因

公立医院改制是医改中的硬骨头，牵扯利益面广、协调难度大，如果投资方、政府、医院三方任何一方有异议，公立医院改制便有可能难以为继。中信医疗与汕尾方面的合作，前期付出了历时一年的时间成本和沟通成本，与政府、医院反复磋商、谈判、调研、磨合，最终才取得了改革的成功。中信医疗将承担社会责任与企业营利置于同等重要的地位，并将"医疗普惠、健康民享"确立为自身的发展愿景。这与汕尾市政府下决心改制三家公立医院、让汕尾人民享受更优质医疗服务的初衷相契合。

属于广东欠发达地区的汕尾市同样重视能与中信集团这样有实力的央企合作。汕尾市位于广东省东南部，南濒南海，海岸线长达 455 公里，市区三面临海，是全国首批对外开放口岸之一，拥有亚热带海滨独特风光，具备发展沿海旅游产业的天然优势。汕尾市医疗资源总体上基础差、起步晚、投入不足。公立医院改革势在必行，只有通过改革创新才有活力，才能从根本上解决卫生事业发展的瓶颈。所以，汕尾市选择引进社会资本参与公立医院改革，在遴选众多投资方之后，最终选择了与中信医疗合作。

医疗机构改制不仅要由政府批准，同时还需要倾听职工的意见，满足职工的诉求，才能获得成功。2013 年 11 月 5 日，汕尾市卫生局就引进中信医疗参与市直公立医院改革举行听证会，共 16 名听证代表参加听证。中信医疗向汕尾三家医院做了大量的解释、沟通工作，最终争取到了来自医院的信任。2014 年 8 月 12 日，汕尾市人民医院召开第四届职工代表大会第 12 次会议，该院负责人汇报了《改制涉及医院发展与职工权益方面的方案》。与会人员表决通过上述方案，86% 的代表为医院改制投出了赞成票。

四　案例启示

1. 政策是公立医院改革的保证

公立医院改革涉及管理体制、运行机制、补偿机制、人事分配制度等诸多方面，既需要公立医院内部综合改革，又需要外部改革配合支持，还要与医保制度、药品供应保障、基层综合改革等工作紧密衔接，因此这项改革也是一项复杂的系统工程，是医改中最难啃的"硬骨头"。2010 年以后，公立医院改革加紧步伐，社会资本跃跃欲试。汕尾地区的医疗技术满足不了当地的医疗需求，为此，汕尾市政府出台了一系列相关政策，联手社会资本大力提升该地区的医疗水平。在市政府的积极推动下，汕尾医院顺利完成了改制。从各地试验实际情况看，医院改制的主要推动者包括相关政策方案的制定者，主要是地方政府综合部门，部分地区由地方政府主要领导积极推动，部分由地方卫生部门发动。可见，公立医院改制离不开国家政策、地方政府的支持。

2. 资本是医院运营的基础

公立医院改制是为了建立并完善与市场经济体制相适应的医疗卫生体制，是为了给人民群众提供质优价廉的医疗保健服务，通过优化投资结构和市场竞争促进卫生事业发展。实现公立医院所属权与经营权分离；搭建公立医院股份制资产平台；股东权益分红留作医院发展，保持其非营利性；股东实现资产增值，可通过股权变更或医院重组退出；通过改制引进投资者，发展和壮大公立医院，进一步强化其为民服务的功能。现阶段政府补贴难以支撑医院的运营，造成医院服务费用上升。通过资本运作，可以有效地减轻医院的财政负担，同时确保医院的健康可持续发展。《2015年中国卫生统计年鉴》报告显示：政府办医院床位数占61%左右，非政府办医院床位数占39%左右，其中民办非营利性医院床位数占29%，民办营利性医院床位数占10%，作为配套补充；而同时期美国政府办医院床位数占25%，民办营利性医院床位数占15%，民办非营利性医院床位数占60%。我国与国际民办非营利性及营利性医院床位比例仍有差距。

3. 搭建中间结构可以向股份制改造过渡

事业单位性质的医院一下子改为企业制公司需要一个过程。由汕尾市政府和中信医疗共同出资建立的合资公司，不仅牢牢掌握了医院的人事权，还形成改制后的资本运作平台，作为一种过渡方式，若以后政策环境和参与各方需求发生改变，能够快速做出反应。资本雄厚的知名国企更容易获得地方政府的青睐。中信医疗与汕尾市政府实现多家市直属公立医院同步改制，如何发挥各家医院的优势、真正实现资源共享？如何平衡优劣、扬长避短、实现整体盈利？如何整合中信医疗旗下的医疗资源？所有这些难题，都有待中信医疗在接下来的实践中给出答案。

案例九
茂名引罗供水工程 PPP 模式

PPP 模式即 Public – Private – Partnership 模式的缩写，是指政府与私人组织之间，为了提供某种公共物品或服务，以特许权协议为基础，形成一种伙伴式的合作关系，并通过签署合同来明确双方的权利和义务，以确保合作的顺利完成，最终使合作各方达到比单独行动预期更为有利的结果。由中国投资咨询公司全程担任 PPP 模式咨询顾问的广东省茂名市水东湾区引罗供水项目，作为财政部的第二批 PPP 示范项目和广东省第一批市政供水类 PPP 项目，是广东省基础设施领域与市政公共服务领域采用 PPP 模式的破题之作。

一　PPP 模式发展背景

PPP 模式的起源可以追溯至 18 世纪欧洲的收费公路建设计划，但其在现代意义上的形成和发展，主要归功于新公共管理运动中以引入私人部门积极参与为核心内容的公共服务供给的市场化改革。1992 年，时任英国财政大臣拉蒙特提出的私人融资计划成为公共服务领域引入市场化竞争后进一步推动政府与私营部门合作的重要模式，并于 1997 年在全社会公共基础设施领域得到较全面地推广。20 世纪 70 年代至今，世界各国在城市和区域重大设施的项目上陆续尝试实施 PPP 模式。PPP 模式逐渐成为国际市场上实施多主体合作的一项重要项目运作模式。

随着我国经济的快速发展，城镇化步伐不断加快，对基础设施的需求日益加大。而与此同时，近年来财政收入的增速却开始放缓，地方政府性债务规模快速增加，风险不断上升，使得由政府包揽基础设施投资建设和运营的传统模式难以为继。此外，在传统模式下，公共产品和服务供给的高成本、低效率、低水平等问题也日益突出，越来越受到公众的关注。如何破解面临的难题，从 2014 年开始，在国家一系列政策的支持下，PPP 模式在中国各地被普遍推行，财政部先公布了 30 个 PPP 示范项目，总投资约 1800 亿元人民币。

广东茂名水东湾新城位于茂名南部的滨海地区，面积约 168 平方公里，常住人口约 39 万人。引罗供水工程建设总投资约为 11.37 亿元，工程管道总长约 55 公里，包括原水输水管线和配水管线，是茂名市政府为改善新城生态环境、解决新城居民用水问题、保障民生的一个重大举措。引罗供水工程建设周期长、投资额度大，采用 PPP 融资模式有利于降低整个项目建设运营成本，进一步减轻地方政府财政压力，提高政府服务效率，达到少花钱、多办事、办好事的目的。为此，茂名市电白区政府于 2014 年成立了引罗供水工程 PPP 项目领导小组，正式决定引罗供水工程采用 PPP 模式建设运营。

二、 茂名项目过程及结果

1. 项目识别阶段

基于引罗供水工程是茂名市第一个采用 PPP 模式建设的准公益性项目，茂名市当地政府对 PPP 融资模式还缺乏系统性了解，对该项目的判断，就需要由专业咨询机构做出。中国投资咨询公司作为项目的咨询中介机构，成立了项目咨询团队。经过向有关方面进行系统的理论培训和介绍，政府方对项目识别阶段的一些定义、概念有了清晰的认知，避免错误地理解和使用 PPP 模式。这为《广东省茂名市水东湾城区引罗供水工程项目 PPP 物有所值评价报告》和《广东省茂名市水东湾城区引罗供水工程项目 PPP 财政承载能力论证报告》两份报告的顺利编制和通过奠定了基础。

2. 项目准备阶段

PPP 项目准备阶段最核心的环节就是项目实施方案的确定。PPP 项目的初始实施方案编制过程具有一定复杂性，需要考虑项目类型、政府的市场化目标以及项目资产的权属、项目运营安排、计划实施进度、收费机制等诸多因素。为此，作为项目的咨询顾问，中国投资咨询公司通过比较多种水务行业内常见合作模式，分析了各类已实施的交易结构的优势和劣势，并综合协调及合理配置各方权利义务，在此基础上，就初步实施方案的确定与政府方进行了反复磋商论证。

3. 项目采购阶段

鉴于引罗供水工程项目涉及投资、融资、建设、运营管理及维护等综合需求，所涉专业多且对能力及经验要求也比较高，一家社会资本很难满足全部需求。为保证项目的竞争性，同时又有利于政府对社会资本进行直接的协议监管，中国投资咨询公司的项目团队就政府采购方式、社会投资人资格条件、采购流程和评审细则等多方面内容与业主方进行了多轮的汇报和讨论，最终确定了决定在引罗供水工程 PPP 项目招标中明确允许联合体投标，但联合体成员不得超过三家，同时对联合体提出了严格的要求。

引罗供水工程项目最终选择采用公开招标方式采购社会资本。项目在资格审查阶段吸引了包括北京首创股份有限公司、中国水利水电第八工程局有限公司、新疆国统管道股份有限公司、安徽水安建设集团股份有限公司、北控中科成环保集团有限公司、中国水利水电第四工程局有限公司等10 余家公司参与竞标。

综合考虑多方因素，茂名市政府决定分别将"水电八局—北京首创股份有限公司联合体"、"国统股份—安徽水安建设集团股份有限公司联合体"列为第一、第二候选中标人，通过与两家联合体的磋商谈判，经茂名市政府有关部门同意，最终"水电八局—北京首创股份有限公司联合体"凭借良好的资信、雄厚的资金实力、丰富的项目运营经验、先进的管理理念等优势成功中标。

在《中标通知书》发出之后，茂名市电白区水利水电建设管理中心与北京首创股份有限公司、中国水利水电第八工程局有限公司组成的联合体就具体的协议内容文本开展了谈判工作。2015 年 8 月 26 日，茂名市电白区水利水电建设管理中心与北京首创股份有限公司、中国水利水电第八工程局有限公司组成的联合体现场签署了《项目特许经营协议》《项目合资协议》《项目工程建设协议》等一系列 PPP 合作协议，标志着引罗供水这一重点民生工程，进入到实质性建设与执行阶段。

三　项目评述

1. 项目方案

（1）投融资结构。引罗供水工程项目新建部分投资为 11.37 亿元，全部由社会资本承担融资、建设任务。双方通过合资方式组建项目公司，项目公司资本金 5.4 亿元，其中 3.4 亿元由社会资本筹集，政府方以存量约 2 亿元管网作为政府出资部分，出资资产价值在本项目水厂投资试运营后，按国有资产相关规定进行评估，并确定双方在合资项目公司中的股权比例。为了保障社会资本方的运营主体地位，确立了政府方持股比例不高于 30%、中选社会投资人持股比例不低于 70% 的原则，具体投融资结构详见图 9 - 1。

（2）回报机制。引罗供水工程项目是一个准公益项目，兼顾供水任务的同时，还需承担部分水库建设的任务。因此用户付费部分不足以满足项目公司的回报要求，必须由政府提供可行性缺口补贴，以满足项目公司收回成本并获得合理回报的要求。在该项目中，中国投资咨询公司经过和政府多次沟通协商，最终确立了保底水量的补贴机制，将水价稳定在一个科学有效的上涨空间内，充分保证该项目的社会效益性。同时，通过保底水量的科学设计，兼顾投资者的经济利益。此外，项目通过超收收益分成机制，防止社会资本方在长期的公益性项目中获取暴利。此方法获得了市场

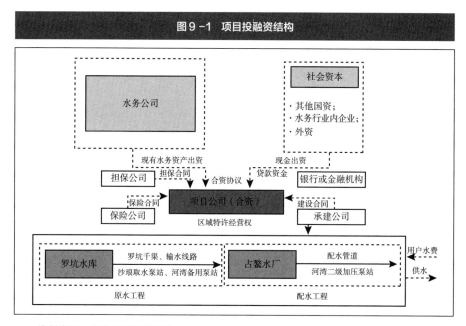

图 9-1 项目投融资结构

资料来源：笔者根据资料整理。

的高度认可和业界的普遍赞扬，现已成为我国供水项目 PPP 模式的典型运作手法。

（3）项目合同结构。引罗供水工程项目包含一个新建项目和一个存量项目，因此，在合同结构设计时也要分为两层。第一层次为水利水电管理中心与北京首创公司联合体签署的一揽子协议体系。第二层次为由项目公司和本项目推进过程中的各有关主体签署的协议体系，如由项目公司与建设施工单位签署的三方建设协议、施工总承包合同，与金融机构签署的融资协议及担保合同，与保险机构签署的保险合同等。其中 PPP 项目特许经营协议是整个 PPP 项目合同体系的基础和核心，各个合同之间是紧密衔接、相互贯通的，正是有了这一系列设计缜密的合同体系，才保证了项目的最终签约落地。

2. 项目的创新点

本项目合作期长达 32 年，由社会资本承担项目设计、投资、融资、建设、运营及维护，并设置明确的可量化的绩效指标，有效激励社会资本以运营为导向，统筹考虑项目全生命周期成本，以实现风险的最优分配与安排。

首先是创新"政府购买服务"方式，并将可行性缺口补贴义务纳入跨年度财政预算，注重政府履约能力。由政府通过向项目公司支付可行性缺口补贴，满足项目的投资回报要求。

其次是可量化的绩效考核指标及激励相容机制设计。本项目从全生命周期成本考虑，由茂名市电白区水利水电建设管理中心进行监督和检查。管理中心从质量、工期、环境保护、安全生产等方面设置可用性绩效指标，将其作为竣工验收的重要标准；同时，在运营维护期内，管理中心主要通过常规考核和临时考核的方式，对项目公司服务绩效水平进行考核。建设期内项目建设质量的优劣将直接影响社会资本方在运营维护期的成本高低，以此有效激励社会资本从项目全生命周期成本统筹考虑本项目的建设、运营维护及移交等；通过移交绩效标准的设计，督促项目公司善始善终。

最后是关于项目竞价方式的创新，亦为政府选择合作伙伴提供了更为开阔的操作思路。于政府方而言，其主要诉求为在政府的财政支出最小的前提下，提高供水公共服务的质量和安全性；于社会资本而言，其主要诉求为利用自身建设及运营经验，在尽可能短的年限内收回相应的成本及获得合理回报。为平衡两方的利益诉求，项目组在设计竞价方式时给予社会资本一定的自主选择权，在可行性缺口补贴支付年限方面，社会资本可根据自身风险承受能力、回报要求等因素自主选择购买30年特许经营期的合理权利金。此举创新了国内PPP项目的报价方式，并充分尊重了各社会资本的投资偏好。

四 案例启示

1. 政府投融资改革创造投资机会

PPP是一种新型的项目融资模式，主要根据项目的预期收益、资产以及政府扶持措施的力度而不是项目投资人或发起人的资信来安排融资。项目经营的直接收益和通过政府扶持转化的效益是偿还贷款的资金来源，项目公司的资产和政府给予的有限承诺是贷款的安全保障。社会资本的投资目标是寻求既能够还贷又有投资回报的项目，无利可图的基础设施项目是吸引不到社会投资的。而采取 PPP 模式，政府可以给予社会投资者相应的政策扶持作为补偿，从而很好地解决了这个问题，提高了社会资本投资的积极性。

2. 充分发挥中介机构的服务价值

PPP 项目的成功离不开专业的中介机构。中介机构的服务主要包括两方面内容：一是按国家有关法律法规和规章制度，设计项目边界条件，防止项目在任何一个阶段触碰政策红线；二是构建项目财务模型，为政府方在进行项目招标、谈判中提供参考和支持。专业机构的介入确保了项目高质量且顺利地落地实施。专业服务价值还体现在提升项目各方的价值上。对于政府方而言，其希望在最小财政支出的前提下，获得高质量的安全供水服务；对于社会资本而言，其希望在尽可能短的年限内收回成本并获得合理回报。通过咨询服务，能够平衡双方的利益诉求，使最终的用水百姓获得最大利益。

3. 咨询服务创造了更大的社会价值

广东茂名市水东湾城区通过采用 PPP 模式，在中国投资咨询公司的专业服务下，找来了国内一流的大公司。与此同时，国内的大型企业也通过中介机构的引荐，走进各地，把先进的技术和优质的服务提供给千家万户。引罗供水工程项目解决了茂名市水东湾城区百万人口的用水问题，更为茂名市未来地区发展及经济转型提供了优质的公共服务，同时也提升了粤西地区的吸引力，为该地区人口导入、产业引入打下扎实的公共服务基础，还让国内外更多社会资本关注到广东这片发展的热土。

第三章
重组与合并

并购一般是指兼并（Merger）和收购（Acquisition）。兼并，又称吸收合并，指两家或者更多的独立企业合并组成一家企业，通常由一家占优势的公司吸收另一家或者多家公司。收购，指一家企业用现金或者有价证券购买另一家企业的股票或者资产，以获得对该企业的全部资产或者某项资产的所有权，或者对该企业的控制权。根据并购的不同功能或根据并购涉及的产业组织特征，可以将并购分为三种基本类型：横向并购、纵向并购、混合并购。

　　当前，国内并购市场规模庞大。根据 CV Source 投中数据终端，2016年宣布交易案例8380起，披露金额案例6642起，披露交易规模5406.2亿美元。未来随着我国经济结构不断调整，传统产业不断升级，互联网向产业渗透融合，国企改革全面推进，资本市场红利持续释放，将会引发新一轮并购潮。

案例十
宝钢与武钢合并

作为共和国的"长子",央企是推动中国经济发展的重要力量,而央企的重组与整合是提升央企竞争力的重要手段。央企的重组与整合不仅政策性强、影响面大,还是一项非常复杂的系统工程。宝钢和武钢的合并是世界钢铁领域最大的并购案之一,对加速我国钢铁去产能、提升钢铁行业的整体水平和竞争力具有重要意义。随着重组与整合的不断深入,央企不只在数量上逐步减少,其战略定位、生产和运营效率也将得到改善,市场竞争力将不断增强。

一　宝钢武钢合并的背景

我国经济进入新常态,经济增速逐渐放缓,结构性矛盾凸显,产能过剩问题突出。我国工业总体产能利用率只有 78.7%。其中,钢铁、煤炭、水泥、电解铝等行业产能利用率甚至不足 70%,已陷入严重的产能过剩状态。在这样的情况下,2015 年末的中央经济工作会议提出了以"三去一降一补"为核心的供给侧结构性改革任务。其中,居于首位的就是去产能。

2016 年以来,国务院和国家发改委相继印发了钢铁、煤炭等行业去产能的专项配套文件,部署了去产能的进度表。比如,根据《钢铁行业化解过剩产能实现脱困发展的意见》,5 年内要压减粗钢产能 1 亿~1.5 亿吨,产能去化率近 15%。再比如,对煤炭行业在未来 3~5 年时间内计划要退出产能 5 亿吨,减量重组 5 亿吨,产能去化率近 20%,淘汰力度很大。

同时,在产能严重过剩的部门里,如钢铁、煤炭、水泥等,国有企业的数量与比重都占据绝对优势。2015 年,国内钢铁十强企业中,仅江苏沙钢属于民营企业,其他九家包括宝钢、武钢、首钢等在内,均为国有独资或国有控股企业。而煤炭行业以神华为首的前十家企业中,则无一为民营企业。综合产能过剩与市场结构的情况来看,国有企业去产能的任务非常紧迫，可以说，要缓解国民经济增长压力、全面推进供给侧结构性改革，国有企业是关键一环。

宝钢集团有限公司成立于 1978 年，直属于国资委，总部位于上海，是中国最大、最现代化的钢铁联合企业。宝钢在我国钢铁企业中排名第一，曾于 2007 年并购了八一钢厂、邯钢新区，2008 年并购广东钢铁集团并投资建设湛江基地，2009 年重组了宁波钢铁，在华东地区的影响力很大。

武汉钢铁集团公司是新中国成立后兴建的第一个钢铁联合企业，于 1958 年 9 月建成投产，由国资委直管。在联合重组鄂钢、柳钢、昆钢后，成为生产规模近 4000 万吨的大型钢铁集团，是我国钢铁行业第四大企业。

作为国内特大型钢铁联合企业，宝钢与武钢的发展态势一直良好。从产能规模来看，宝钢集团和武钢集团 2015 年粗钢产量分别为 3494 万吨和 2578 万吨，分别排名全球第五和第十一位，合计超过 6000 万吨，占 2015 年全国粗钢产量的 7.5%。不过，自供给侧结构性改革开始后，二者的经营状况受去产能进程影响，有所恶化。据年报披露，2015 年武钢股份亏损 75 亿元，成为两市的"亏损王"；而宝钢股份全年净利润 10.13 亿元，同比下滑 82.51%，创下了十八年来的新低。可以说，两家央企的经营正面临前所未有的困难。在这样的背景下，2016 年 9 月，国资委通过了宝钢和武钢的重组方案。

二　合并的必要性和可行性

（一）宝钢武钢合并的必要性

一是顺应供给侧结构性改革的大势。目前，国内钢铁需求低迷，受产品质量之限，出口需求也不乐观，因而短时间内，钢铁行业供过于求的状况无法改善。同时，钢铁行业属于能耗高、污染重、效率低的行业，要解决这些问题，形成一定的产业规模非常必要。在这种情况下，并购重组能够起到一举两得的作用，其不仅是最直接、最有效的去产能方法，还有利于提高行业集中度。毋庸置疑，宝钢、武钢并购重组后，将会形成我国最大规模的钢铁企业，对解决现阶段钢企面临的困境、发展壮大国内钢铁行业大有裨益。

二是优化我国钢铁产业结构的需要。钢铁行业产品结构、产业组织、产业布局一直处于不合理的状态，同时国内的无序竞争又造成了部分企业亏损严重，资源配置不合理。宝钢与武钢的并购重组，使二者有机会实现技术、管理的共享，将有利于整个行业资源的重新分配。而且，随着资源存量流入市场中经营效益好的企业，可以使其集中精力发展拳头产品，提高市场占有率，加速效益差的企业退出市场，节约国内资源和减小环境污染。

三是应对外资涌入和国际竞争的需要。21 世纪以来，尽管国家对外商投资国内钢企多有限制，但国外大型跨国钢铁集团一直对国内市场虎视眈眈。比如，米塔尔在我国钢铁市场深耕多年，成功收购了华菱管线约 37% 的股权，成为其第二大股东。又如，安赛乐也曾尝试溢价购买山东省钢企的股权，但未获得国家发改委的批准；奥地利的奥钢联也宣布要在中国建立特殊钢厂。外资钢企的进驻为国内钢铁的转型升级带来挑战，宝钢、武钢作为国内顶级钢铁企业，若能协同合作将有利于其应对外资涌入的威胁。

（二）宝钢武钢合并的可行性

一是国家的重视和政策的支持。为了促进钢铁行业结构调整、形成规模经济，提高国内钢铁企业竞争力，近年来，我国政府出台了一系列并购重组政策。2005 年颁布的《钢铁企业发展政策》指出，钢铁企业可通过并购重组来调整产业结构。2006 年、2007 年又先后颁布了去产能、淘汰落后技术的"产能等量置换政策"，加速推进企业整合。受金融危机影响，

2009 年国家出台了《钢铁产业调整与振兴计划》和《关于抑制部分行业产能过剩和重复建设　引导产业健康发展的若干意见》，再一次强调国内钢企整合的要义。

二是引领钢铁行业深化改革。宝钢与武钢的合并重组不仅有利于提升钢铁行业集中度，还能对其他钢企起到示范引领作用。可以预计，宝钢与武钢均为国内龙头企业，随着二者重组的成功，国内钢铁企业兼并重组的步伐会明显加快，这其中包括不同地域、不同所有制的地方钢铁企业。资源整合带来的竞争减少、效率提高、议价力增强和丰富的产品线有利于钢铁企业在行业低谷期生存下来。钢铁行业的去产能进程也将进一步加快。

三是有利于两个企业优势互补。宝钢集团在汽车板产品领域较有优势，国内市场份额约为 50%，技术较为领先，武钢在这一领域的产能占比则仅为 17%；但是，武钢集团在取向硅钢领域较有优势，是最早掌握取向硅钢生产技术的钢企，国内市场份额约为 46%，而宝钢相比之下仅占国内市场份额的 23%。合并以后，二者在高端品种取向硅钢的国内市场份额将总体提升至 70%，汽车板市场份额将提升至 67%。

四是有利于实现规模经济。宝钢地处长江三角洲，拥有得天独厚的港口资源；武钢地处内陆湖北省，据勘探，湖北大冶有钢铁业必需的原材料铁矿石。两家钢企都在长江流域，二者的运输可通过长江流域船舶运输，生产成本能大大降低，上海的港口也将有利于二者拳头产品的出口发展。合并后企业的税收负担、研发经费、销售渠道等重复投入会降低，这些都有利于实现规模经济，而且也可达到去产能和提高产业集中度的效果。

三　合并重组方案和过程

2016 年 6 月 27 日，宝钢集团与武钢集团启动战略重组，旗下上市公司宝钢股份和武钢股份宣布停牌。

9月20日，宝钢股份和武钢股份发布公告称双方将换股合并，宝钢股份向武钢股份全体换股股东发行A股股票，以换股形式吸收合并武钢股份。

9月22日，重组方案显示，宝钢集团将成为重组后的母公司，武钢集团整体无偿划入，成为其全资子公司。同时，宝钢集团更名为中国宝武钢铁集团。

12月1日，中国宝武集团在上海举行成立大会，注册资本527.9亿元，资产总额将达到7300亿元，营业收入3300亿元，拥有员工22.8万人。集团拥有普碳钢、不锈钢、特钢三大系列产品，年产粗钢规模将位居中国第一、全球第二，成为中国乃至全球钢铁行业最具影响力的企业之一。

从钢铁主业来看，宝武合并后，将形成宝山、梅钢、湛江、武汉四大钢铁基地，粗钢的产量跃升至全球第二。新公司在产品采购、营销服务、制造技术等方面的协同效应潜力巨大。

2017年1月24日起，宝钢股份停牌。2月14日，武钢股份退市。2月27日，合并后的宝钢股份复牌上市，其总股数增至221亿股，中国宝武集团持股52.14%，武钢集团持股13.49%，另有34.37%的股份为其他外部股东持有（见图10-1）。

四 案例启示

1. 优势互补、协同发展也要讲究"门当户对"

作为中国两大钢铁央企，宝钢、武钢年产量均在数千万吨。根据世界钢铁协会发布的数据，2015年宝钢的粗钢产量位列全球十大钢企第5名。

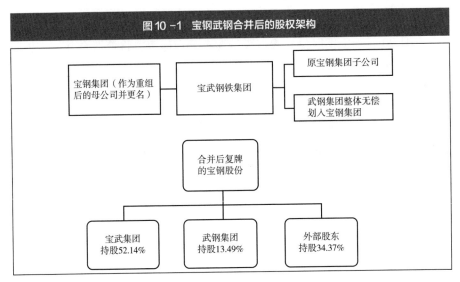

图 10 -1　宝钢武钢合并后的股权架构

资料来源：笔者根据资料整理。

同样，武钢体量也十分庞大，除武汉本部外，旗下主要有武钢鄂钢、昆钢和防城港钢铁基地，2015 年粗钢产量在国内十大钢企中排名第 6。同时，二者同为大型国有企业，"宝武"之间在管理机制与企业文化层面并不存在很大差异，契合度较高，有利于实现资源共享的双赢。

2. 保持管理层的稳定性

保留被并购企业稳定的员工队伍，尤其是中层管理人员是重组成功的关键。在内部协调管理方面，"宝武"合并后有两大优势：一是同属国资委管理，与部分钢铁企业分属不同地方国资委管理有所不同；二是武钢董事长马国强，此前曾在宝钢供职长达 18 年，并担任过宝钢集团副总经理、总会计师以及宝钢股份总经理。显然，这对协调"宝武"内部运营管理十分有利，同时有益于强强联合、取长补短，发挥协调增益效应。

3. 符合国企整合的大趋势

加快央企的整合重组，不仅有利于优化国有资源配置，有效解决重复建设、过度竞争等问题，同时还有助于提升国企竞争实力，打造国家品牌。截至 2016 年底，国资委共有 102 家央企，旗下共有 277 家 A 股上市公司，当前总市值超过 10 万亿元。据预测，未来七年内，央企可能会重组为 30 到 50 家，届时央企也将有一半以上不再控股。宝钢与武钢的这一重组合并过程由国资委主导，并得到了政府的大力支持，也正是因为其顺应了当前国企、央企合并的大潮流。

案例十一
滴滴与优步中国合并

2016 年 8 月 1 日下午，滴滴出行宣布与优步全球达成战略协议，滴滴出行将收购优步中国的品牌、业务、数据等全部在中国大陆运营的资产。在反复的"传言合并 - 辟谣 - 传言合并 - 再辟谣"之后，这一中国出行领域的最大合并案终于尘埃落定。

一 共享出行的发展背景

中国电子商务研究中心公布的数据显示，2016 年中国"共享经济"市场规模达 39450 亿元，增长率为 76.4%。共享经济巨大的市场规模和快速增长的情景，令投资者趋之若鹜，而出行领域则是中国共享经济最令人疯狂的风口。

2012 年，摇摇招车率先上线，快的打车和嘀嘀打车相继在同年 8、9 月份上线；次年 4 月，大黄蜂打车和打车小秘上线。在鼎盛时期，市场上共有 30 多种打车软件，它们拷贝的是优步（Uber）的非出租车共乘（快车/拼车）服务。

Uber 模式在中国得到快速复制，出行市场快速扩大，但市场是残酷的，只有获得大量资本青睐的 App 才能存活下来。随着"BAT"的进场，出行市场的战争硝烟弥漫，市场份额迅速集中到滴滴和快的身上。

2013 年 4 月，阿里资本宣布以 400 万美元投资快的打车，而腾讯宣布以 1500 万美元投资嘀嘀打车（后更名为"滴滴打车"）；2014 年初，滴滴打车完成 C 轮的 1 亿美元融资（见表 11 - 1），此后阿里继续向快的打车追加投资。同时它们也成为巨头们抢夺支付场景的重要一步。快的在 2013 年 8 月即接入支付宝；滴滴在 2014 年 1 月接入微信支付，且在微信端推出滴滴打车入口。

截至 2015 年初，滴滴和快的分别累计融资 8 亿美元。充裕的资本弹药让滴滴打车和快的打车吹响了"打车补贴"的号角，第一轮"烧钱大战"开始。大战从 2014 年初一直延续到 2014 年 5 月，随后两大打车软件才停止对乘客的现金补贴。到此时，滴滴称已经补贴了 14 亿元；快的也称补贴超过 10 亿元。

表 11-1 滴滴和快的合并前的融资情况				
	融资时间	轮次	金额	投资方
	2012年7月1日	天使轮	数百万元	天使投资人王刚
	2012年12月1日	A轮	300万美元	金沙江创投
滴滴打车	2013年4月1日	B轮	1500万美元	腾讯产业共赢基金
	2014年1月1日	C轮	1亿美元	腾讯、中信产业基金等
	2014年12月9日	D轮	7亿美元	淡马锡、DST、腾讯
	2012年12月1日	天使轮	数百万元	阿米巴资本
	2013年4月1日	A轮	1000万美元	阿里资本、经纬中国
快的打车	2014年4月1日	B轮	1亿美元	阿里资本、经纬中国、新天域资本
	2014年10月18日	C轮	1亿美元	老虎基金（中国）
	2015年1月15日	D轮	6亿美元	阿里巴巴、老虎基金、软银中国

资料来源：Wind。

腾讯系的滴滴与阿里系的快的打得难分难解，市场份额相当，最后大家发现谁也没把握将对方完全打倒。于是顺理成章地，2015年4月1日，滴滴与快的宣布实现战略合并。快的CEO吕传伟在内部邮件中解释了合并的原因：①恶性的大规模持续烧钱的竞争不可持续；②合并是双方所有投资人共同的强烈期望；③除了财务因素外，合并后可以避免更大的时间成本和机会成本，新公司可以马上加速开展很多新的业务。

而在国内打车软件补贴大战剑拔弩张之际，2013年下半年，Uber已经在上海、深圳、广州三个城市开始试运行；2014年2月，Uber正式进入中国。彼时Uber主推高端商务专车，通过跟当地汽车租赁公司合作，提供豪华车型的用车服务，用户通过手机软件预订车辆。2014年12月，百度投资Uber，计划共同拓展亚太市场。

从2014年10月起，Uber启动"人民优步"项目，定位于乘客与车主之间进行"拼车"，并大量招募私家车主，实际上就是我们今天所理解的快车业务，该业务发展十分迅速。

一开始，滴滴和快的未进入私家车领域，因而与Uber的竞争领域不同。合并后的滴滴快的在2015年5月推出了快车业务，并宣布投入10亿元用于快车业务的补贴。这宣告了新一轮大规模的"烧钱大战"的开始，战场从打车补贴转移到专车补贴，滴滴和 Uber 正式开始贴身肉搏。

二　滴滴和优步的军备竞赛

滴滴快的刚刚合并，Uber 创始人兼首席执行官特拉维斯·卡兰尼克（Travis Kalanick）就飞到中国，给了滴滴创始人程维两个选项：要么接受 Uber 投资滴滴，并占 40% 的股权；要么正面开战被打死。程维拒绝了前者，双方的战争很快爆发。当业务趋同时，谁的钱多就意味着谁拥有更多流量，从而占据主导。对此，双方展开了融资军备竞赛和补贴大战。

为了应对"烧钱大战"，滴滴出行和 Uber 中国都展开了融资军备竞赛。2015 年滴滴出行总共融资 31.42 亿美元，2016 年滴滴再次融资两轮共 55 亿美元（见表 11 - 2）。Uber 中国 2015 年 A 轮融资超过 1 亿美元，2016 年再次融资 20 亿美元（见表 11 - 3）。2016 年度共享经济交通领域金额最大的两笔融资分别出自滴滴出行和 Uber 中国。

表 11 - 2　滴滴与快的合并后的融资情况			
时间	轮次	金额	投资方
2015 年5 月 27 日	E 轮	1.42 亿美元	新浪微博（新浪微创投）
2015 年9 月 9 日	F 轮	30 亿美元	中投、中国平安（平安创新投）、阿里巴巴、腾讯、淡马锡、Coatue Management、高瓴资本（Hillhouse Capital Management）
2016 年2 月 24 日	F 轮	10 亿美元	北汽产业投资基金、中投、中金甲子、中信资本、赛领资本、鼎晖投资、春华资本 Primavera 及民航股权投资基金
2016 年6 月 16 日	F 轮	45 亿美元	中国人寿、苹果公司、蚂蚁金服、阿里巴巴、腾讯、招商银行、软银中国

资料来源：腾讯科技。

表 11-3　Uber 的融资情况

企业名称	轮次	融资时间	融资金额	估值	投资机构
Uber 全球	种子	2009 年 8 月 1 日	20 万美元	—	—
	天使	2010 年 10 月 1 日	150 万美元	400 万美元	First Round Capital
	A	2011 年 2 月 1 日	100 万美元	6000 万美元	—
	B	2011 年 11 月 1 日	3700 万美元	3.3 亿美元	—
	C	2013 年 8 月 22 日	3.6 亿美元	35 亿美元	TPG、Benchmark、Google Ventures 等
	D	2014 年 6 月 6 日	12 亿美元	180 亿美元	Fidelity Investments、Wellington Management、Kleiner Perkins Caufield & Byers、Summit Partners、Google Ventures、Menlo Ventures
	E	2014 年 12 月 4 日	12 亿美元	410 亿美元	Sequoia Capital、斯道资本、KPCB、Menlo Ventures、Wellington Management、新桥资本
	战略	2014 年 12 月 17 日	6 亿美元	410 亿美元	百度
	战略	2015 年 3 月 23 日	2400 万美元	—	Times Internet
	F	2015 年 8 月 1 日	10 亿美元	510 亿美元	微软、Bennett Coleman & Co 等
	战略	2016 年 2 月 15 日	2 亿美元	625 亿美元	俄罗斯富豪米弗里德曼旗下投资公司
	G	2016 年 6 月 4 日	35 亿美元	652 亿美元	沙特公共投资基金
Uber 中国	A	2015 年 10 月 9 日	超过 1 亿美元	近 70 亿美元	海航资本、百度
	B	2016 年 1 月 14 日	20 亿美元	超 80 亿美元	海航资本、中国人寿、太平洋保险、广汽集团、中信证券、万科集团、民生银行（民银国际）、宽带资本（CBC）、双湖投资

资料来源：投资界。

资金筹备完成后，双方的补贴大战一发不可收拾。

滴滴快的首次快车业务的补贴打出了"每周一可有两次 15 元免单"的牌。同时，滴滴快的在车费的基础上，将根据时段对司机进行补贴，补贴额度在车费的 1.5 倍到 2.5 倍。而在全球其他地区不采用补贴策略的 Uber，在滴滴快的合并一个月后，一次性预备了 10 亿美元用于补贴。

根据事后被曝光的 Uber 财务文件，预计 2015 年到 2017 年，Uber 在中国需要投入 30 亿美元：2015 年亏损 11 亿美元，2016 年和 2017 年每年亏损 9 亿美元左右，2018 年预计盈利 1 亿美元。而滴滴的补贴力度也很大，每周需花费数千万美元，综合判断，2015 年滴滴也至少亏损了 100 亿元。

关于补贴大战的后果，首先是扩大了市场规模。易观智库发布的《中国互联网专车市场专题研究报告 2016》显示，2016 年上半年中国互联网专车交易规模已经达到了 533.3 亿元，预计全年将达到 1220.7 亿元人民币。

在市场份额方面，数据显示，2015 年一季度专车服务订单量占比排名中滴滴专车和 Uber 名列前两位，占比分别为 78.3%、10.9%，这一数据在补贴大战之后被改写。到了 2016 年 3 月，在专车与快车的市场份额排名中，滴滴快的占七成，Uber 占两成，而剩下的其余品牌仅占一成（参见表 11-4）。

表 11-4 2016 年 3 月出行市场竞争格局

应用名称	月活跃用户（万）	月活跃用户环比（%）	日活跃用户（万）
滴滴出行	5886.7	195.90	908.6
Uber 中国	1848.8	890.50	229.6
嘀嗒拼车	561	316.90	86.3
易到用车	512.9	75.80	49.2
快的打车	297.7	-82.30	23.5
神州专车	297	57.60	27.2
神州租车	142.7	86.60	9.5

资料来源：Questmobile。

总体而言，滴滴出行保住了市场份额，绝对额还有所上升；Uber 中国的市场份额也上升了一倍，但与滴滴出行的差距仍很大，不到后者的三分之一，在竞争中处于劣势。

双方无休止的补贴大战，买单的却是投资人，这令投资者无法忍受，变局由此而生。

三　滴滴并购优步中国的原因

1. 投资者的推动

共享经济模式的一个重要特点是赢者通吃。当市场份额足够大时，市场龙头会不断通过并购扩大市场份额，占据越来越多的流量，从而拥有更多竞争优势，到了最后，市场中的"老大"与"老二"合并就成了市场的唯一选择，出行市场也不例外。

滴滴出行和优步中国血拼，都在不遗余力地"烧钱"以换取市场份额。在盈利模式尚不清楚的背景下疯狂烧钱，让投资方实在难以招架。

易到创始人兼CEO周航曾透露，2015年整个专车出行市场花掉了200多亿元。而2016年1月，Uber的CEO卡兰尼克称，滴滴公司每周要花费7000万到8000万美元、每年花费40亿美元来补贴司机。

而滴滴资深副总裁陶然则回应表示，多份第三方报告都表明滴滴专车的订单量至少是优步中国的7倍，而优步中国过去一年的补贴达到20亿美元之多。

巨额亏损换来的是一堆尚未产生价值的数据，两家公司都不堪重负，这令投资者有撮合双方联姻的意愿。梳理滴滴和Uber全球的投资方不难看出，双方拥有贝莱德、高瓴资本、老虎基金、中国人寿4家共同的投资方，也为此次合并奠定了基础。

2. 经营的协同效应

企鹅智酷于2016年8月调研了全国一万多名移动出行用户，数据显示，滴滴与 Uber 中国的重合用户约为 37%，Uber 的独立用户占比为 21%，滴滴的独立用户占比为 42%。在收入的客户结构上，样本显示，收入超过 5000 元的滴滴独立用户占比为 36.6%，超过 5000 元的 Uber 独立用户占比为 43%。

合并后 Uber 中国将为滴滴带来超过两成的新增独立用户，且其中的高消费群体比例高于滴滴原有用户群中的高消费群体比例，Uber 中国独立用户中的高消费群体，能够很好地支援滴滴开拓专车等高客单价市场。因此，对滴滴而言，此次收购不仅可以扩张两成的新增独立用户规模，还消除了滴滴原有用户中近半数的重合用户流向竞争对手的潜在风险。

此外，合并之后双方可以减少补贴，从而减低成本，显然这一部分对双方都曾是一笔不小的开支。而其他方面，比如大数据等方面的资源共享也将为双方节省不少支出。

3. 政策催化

卡兰尼克曾在博鳌论坛上表示，"不会通过投资或并购进驻海外市场，一方面因为同行的其他公司估值过高；另一方面是 Uber 希望通过竞争而不是并购来获取市场份额"。

可见卡兰尼克当时拒绝并购的决心是非常坚决的，但是《网络预约出租汽车经营服务管理暂行办法》（以下简称《网约车规定》）的公布实施，似乎成为压断卡兰尼克的"最后一根稻草"。

《网约车规定》中虽然肯定了网约车的合法地位，但是却留给地方政府监管以极大的自主权。在政府关系方面，显然滴滴更有优势。2015 年，滴滴出行就拿到了上海市政府颁发的第一个网约车运营资质。

除此之外，《网约车规定》中也明确提出，"价格实行市场调节价，但政府认为有必要实行政府指导价的除外"，规定网约车平台公司不得为排挤竞争对手或者独占市场，以低于成本的价格运营，扰乱正常市场秩序。在新规之下，双方在各地方政府的指导下，很有可能使用相同的价格，并且不能采用任何高补贴的形式抢占市场，这对 Uber 中国来说也失去了和滴滴竞争的意义。

四　滴滴并购优步中国的方案与过程

据投资人朱啸虎透露，滴滴和 Uber 中国的合并已经谈了一年多了，但是之前双方预期差距太大，基本谈不拢，Uber 中国此前一直希望以占股滴滴 40% 的形式合并，滴滴不答应。

但是中国市场上的亏损，在某种程度上阻碍了 Uber 全球的上市计划；对 Uber 的投资者而言，及时止损、保住全球市场并尽快上市，比抢占中国市场更重要。Uber 创始人受到了全球董事会极大的压力，最后还是主动向滴滴伸出了橄榄枝，双方达成了 Uber 中国占股 20% 的合并条件。

2016 年 8 月 1 日，滴滴出行与优步中国宣布合并。

此次合并采用换股的方式，Uber 全球将持有滴滴 5.89% 的股权，相当于 17.7% 的经济权益，优步中国的其余中国股东将获得合计 2.3% 的经济权益。滴滴也因此成为唯一一家由腾讯、阿里巴巴和百度共同投资的企业。此外，根据彭博社的消息，滴滴出行将以 680 亿美元的估值向 Uber 投资 10 亿美元。合并完成后，滴滴出行和 Uber 全球将相互持股，彼此成为对方的少数股权股东。

在合并的估值方面，根据双方在合并之前的融资记录，滴滴的估值约为 280 亿美元，Uber 中国的业务估值约 70 亿美元。这相当于，Uber 中国和滴滴只是达成对应股权 1∶4 的交易合并，新公司的合并估值应为 350 亿美元，估值上并没有太多变化。

合并后，Uber 中国的品牌将和快的一样逐渐消失，滴滴成了中国市场的最大赢家。从2016年三季度主要专车应用活跃用户覆盖率和专车市场订单量份额来看，滴滴出行都占据着绝对的领先优势。数据显示，滴滴出行活跃用户覆盖率达96.7%，订单量占94.6%的市场份额，远远超过易到、神州专车等同行。滴滴收购优步中国后，月均活跃用户迎来大幅提升，2016年三季度其月均活跃用户数达3854.5万人，环比增长率达16.4%。

五　案例启示

1. 投资人可以在合并中起到关键作用

合并前，滴滴出行在中国市场占据主导地位，Uber则是全球出行市场的领头羊，双方在中国市场打得难分难解。当市场的"老二"足够强大时，是无法被"老大"直接吞掉的，短时间内，滴滴和Uber谁也无法干掉对方，如果继续竞争下去，只能是两败俱伤。

在这种情况下，投资人在合并中可以起到关键作用。高瓴资本和老虎环球基金是本次滴滴收购Uber中国最大的资本推手。

经历多轮融资之后，Uber中国的股权已经比较分散，高瓴和老虎基金作为大股东提出合并建议后，小股东顺水推舟也很正常。值得一提的是，高瓴也是腾讯把易迅网卖给京东的幕后推手。经纬创始管理合伙人、滴滴董事局成员徐传陞对此表示，无法迅速取得胜利的竞争，只会导致价值的消耗，而不是价值的创造。

2. 合并后滴滴与Uber都重新轻装上阵

合并对于滴滴和Uber全球是双赢，双方减少了直接竞争。通过减少补贴和规模竞争，双方或可减少亏损额，能够早日实现盈利，也可以更方便地实现融资和IPO。

《华尔街日报》报道，优步2017年一季度亏损7.08亿美元。相比

2016 年四季度 9 亿多美元的亏损，Uber 的债务呈现收窄态势。

滴滴也一样，继 2016 年完成 45 亿美元的融资后，2017 年 4 月 28 日，滴滴出行获得 55 亿美元 H 轮融资，投资方为招商银行、软银中国资本等。目前滴滴的估值为 500 亿美元，将要追上 Uber。

3. 合并后滴滴可以专注研发和市场拓展

随着对用户习惯的培育完成，移动出行市场已经进入消费者黏性阶段，钱不可能一直"烧"下去。与花钱买低价相比，如何提高用户体验成为这一阶段两大巨头面临的首要问题。而显然，近段时间的 Uber 和滴滴的补贴力度已经有所降低，对技术研发方面的关注度和资金加注相应加大。比如，滴滴将更多的资金投入技术，希望通过大数据和人工智能更多地了解用户需求、提升产品体验。

此外，通过此次并购，滴滴和 Uber 也划分了市场边界。滴滴可以更专注国内市场，Uber 负责海外市场。

虽然滴滴有足够的资金储备，在国外也有所布局（美国 Lyft、印度 Ola、东南亚 Grab），但论"出海"实力和国际影响力，着实比不过 Uber；如果滴滴硬要打海外仗，马失前蹄的可能性很大。而对 Uber 而言，巩固海外市场优势更重要，没必要在中国市场苦苦恋战。

案例十二
美团与大众点评合并

2015 年 10 月 8 日午间，美团与大众点评正式宣布合并，这是 2015 年第四起大型 O2O 合并案，其他三起分别是：滴滴打车与快的打车战略合并；携程投资艺龙，持股 37.6%；58 同城战略入股赶集网。

一　O2O 行业发展背景

移动互联网的普及，让 O2O 走入千家万户，众多的创业者和投资人都在 O2O 领域掘金，希冀成为或发现下一代的"BAT"（百度、阿里巴巴、腾讯的合称）。补贴大战令 O2O 硝烟弥漫，每位创业者都坚信曙光就在眼前，再坚持一下，坚持到下一笔融资到位，就能彻底胜过竞争对手。

O2O 市场经过补贴的培育，规模迅速扩大，流量持续增加。但时间长了，投资人却发现很多 App 的流量并不能有效转化为长期客户，反而培养了一次性消费的"羊毛党"，甚至引来了恶意刷单者骗取补贴。当市场"老大"和"老二"都发现烧钱难以为继的时候，合并已经成为一个习惯性的选择，优酷与土豆、滴滴与快的、58 与赶集无不如此，O2O"闪婚"似乎成了必然的选择：一方面，合并后可以调整营销战略，利用市场占有率优势减少补贴；另一方面，"老大"和"老二"在业务上多有重合，通过业务整合，能够降低成本，丰富产品类别，提高服务质量，增强消费者体验。

不管如何，在 O2O 领域以"烧钱"模式是不可持续的，看不到盈利前景的投资人，再也难以忍受网站单纯的赔本补贴。尤其是当行业的"老大"和"老二"贴身肉搏时，盈利前景是渺茫的，而"失血"速度却是令人瞠目结舌的，一旦资金难以为继，可能双双倒下，投资人则会血本无归。因此，通过合并减缓"失血"速度、调整经营、控制成本，成为投资人推动 O2O 龙头企业强强联合的最大动力，"闪婚"也就顺理成章了。

二 投资人牵线当红娘

在团购领域也存在"烧钱"模式难以为继的问题。通常认为,团购模式的地推成本过高是一大缺陷,而对商户和消费者而言,补贴实质就是"烧钱"游戏,用户不会因为补贴而产生忠诚度,因而无法形成团购网站的核心竞争力。同时,团购网站又无法形成有效的先发优势,比如规模效应,以抵御后来者的竞争,这样的结构注定无法看到盈利的希望。现在的佣金率就足以说明问题——已经下降到2%甚至更低,未来可能会接近于零,这将死死压制住团购网站的营收空间,更谈不上盈利了。

团购的盈利模式一直是个难解之谜,团购网站已经逐渐被资本市场抛弃。美团的榜样、美国Groupon曾经是资本市场的宠儿,但上市以来市值已经蒸发了80%,目前只剩大约30亿美元。同样,大众点评的仿效对象,美国另一家知名O2O公司Yelp的市值也蒸发了70%,只剩二十几亿美元。

在这样的市场背景下,虽然美团和大众点评两家公司都已进行多轮融资(参见图12-1,图12-2),但是资金饥渴症依旧如影随形。

成立以来,美团总共融资约10.62亿美元。2015年9月10日,美团网获得E轮融资,除所有老股东积极参与外,明确投资意向的国内外投资机构有20多家,总体融资额为15亿~20亿美元。

大众点评成立以来共融资14.15亿美元,2015年的融资额高达8.5亿美元,但是在团购大战中,这些"子弹"仅够用半年多。

消耗战让美团和大众点评都不堪重负,投资人也另有所思:如果生活服务领域的O2O"老大"和"老二"联起手来会将如何呢?美团和大众点评合并至少有三大好处:①合并可以提高估值,有利于新一轮融资,合并后的估值将仅次于"BAT"、京东、滴滴等;②合并后新美大(美团+大

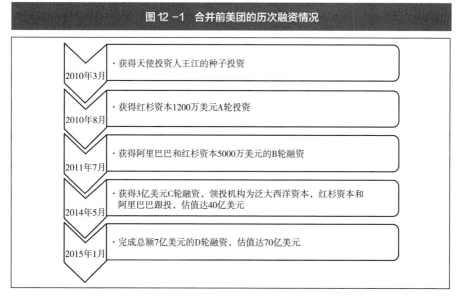

图12 -1　合并前美团的历次融资情况

2010年3月　· 获得天使投资人王江的种子投资

2010年8月　· 获得红杉资本1200万美元A轮投资

2011年7月　· 获得阿里巴巴和红杉资本5000万美元的B轮融资

2014年5月　· 获得3亿美元C轮融资，领投机构为泛大西洋资本，红杉资本和阿里巴巴跟投，估值达40亿美元

2015年1月　· 完成总额7亿美元的D轮融资，估值达70亿美元

资料来源：笔者根据资料整理。

图12 -2　合并前大众点评的历次融资情况

2006年　· 获得红杉资本首轮100万美元投资

2007年　· 获得Google 400万美元投资

2011年4月　· 获得挚信资本、红杉资本、启明创投和光速创投联合1亿美元投资

2012年　· 获得第四轮融资6000万美元

2014年　· 腾讯4亿美元战略投资大众点评，获得其20%的股份

2015年　· 获得包括腾讯、淡马锡控股、万达集团和复星集团的8.5亿美元融资

资料来源：笔者根据资料整理。

众点评）将不再内耗，两家联手将奠定生活服务领域 O2O 的行业格局，全面渗透团购、外卖、电影票、结婚、丽人等生活服务领域，对百度发力 O2O（百度糯米）形成阻击；③在酒店、装修、母婴等细分服务行业，还有很多发展空间，新美大能更专注地发展其他业务领域，这类似滴滴和快的合并后，使新公司迎来更大的发展空间和更高的估值。

况且，美团和大众点评同样有着共同的投资人红杉资本，而美团在 E 轮融资不畅的情况下有动力推动双方合并，因此由投资人当"红娘"让双方牵手，一切水到渠成。

三　美团与大众点评合并方案

美团与大众点评的合并也是一波三折，双方的合并传闻由来已久，从 2015 年 5 月已有两者合并的预测，2015 年国庆长假期间，两个公司在合并传闻与辟谣中度过，尘埃终于在 10 月 8 日落定。根据合并公告，双方已共同成立一家新公司，新公司作为中国 O2O 领域的领先平台，将占据中国团购领域 80% 的市场份额，同时也成为中国最大 O2O 平台，新公司估值将达到 170 亿美元。本交易得到阿里巴巴、腾讯、红杉等双方股东的大力支持，华兴资本担任本次交易双方的独家财务顾问。

新公司将实施 Co–CEO 制度，美团 CEO 王兴和大众点评 CEO 张涛将同时担任联席 CEO 和联席董事长，重大决策将在联席 CEO 和董事会层面完成。两家公司在人员架构上保持不变，并将保留各自的品牌和业务，独立运营，包括高频到店业务，同时将加强双方的优势互补和战略协同，共同推动行业升级。

合并后的新公司将定位于连接人与服务。美团和大众点评的业务重合部分主要集中在部分高频到店业务，合并后，这部分业务将各自保持独立运营，进行内部良性竞争，以避免人才流失和总体份额下降。双方业务团队将保持合并前的架构和职责，继续按原定战略目标快速发展，增强产品创新、客户体验改进和新业务创新能力。美团和大众点评也会避免不必要的重复投入，形成类似于微信和QQ的良性内部竞争，确保 1 + 1 > 2（参见图 12 - 3）。

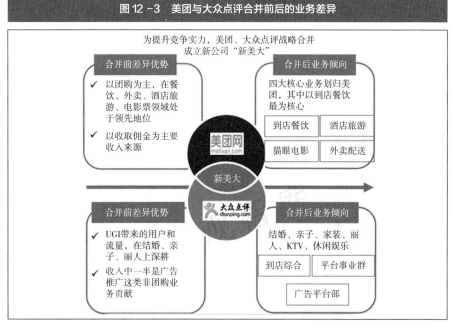

图 12 -3 美团与大众点评合并前后的业务差异

为提升竞争实力，美团、大众点评战略合并
成立新公司"新美大"

合并前差异优势
- ✓ 以团购为主，在餐饮、外卖、酒店旅游、电影票领域处于领先地位
- ✓ 以收取佣金为主要收入来源

美团网
meituan.com

新美大

大众点评
dianping.com

合并后业务倾向
四大核心业务划归美团，其中以到店餐饮最为核心

| 到店餐饮 | 酒店旅游 |
| 猫眼电影 | 外卖配送 |

合并前差异优势
- ✓ UGI带来的用户和流量，在结婚、亲子、丽人上深耕
- ✓ 收入中一半是广告推广这类非团购业务贡献

合并后业务倾向
结婚、亲子、家装、丽人、KTV、休闲娱乐

| 到店综合 | 平台事业群 |

广告平台部

资料来源：易观智库。

四 美团和大众合并后的效果

截至 2016 年 6 月 30 日，美团大众点评的活跃消费者达到 2.2 亿人，旗下 App 月活跃用户数达到 1.8 亿人，成为仅次于阿里巴巴、超过京东的国内电子商务平台第二名。

短期来看，合并效果明显，首先就是新一轮融资成功，为将来的上市打下基础。2016 年 1 月 19 日，美团与大众点评合并后获得新一轮融资，金额为 33 亿美元，投资方为腾讯产业共赢基金、DST、今日资本等。其次，合并可以降低各自营销、运营成本，以更多资金投入新业务；重合领域的竞争优势被强化，差异化优势形成互补，服务品类更丰富。最后，商户的议价能力和空间变小，利于提高佣金比例，更快实现扭亏为盈。

从中长期来看，合并后，新美大依旧压力很大。虽然两家公司合并后，彼此作为竞争对手的关系不复存在，但压制两家公司营收和盈利空间的长期市场压力并没有消失，即 O2O 在"BAT"重构未来互联网商业格局中的战略价值始终存在，这意味着价格战会在相当长的时间内如影随形，除非"BAT"在这一点上发生认知变化。

而在入口方面，新美大也与"BAT"不在同一个量级，以阿里巴巴为例，该公司拥有数亿级基于交易的活跃用户，为了防止未来 O2O 入口对其实物电商入口构成替代或稀释威胁，阿里巴巴可能会不惜代价地在 O2O 领域求得成功。

这可能会使新公司处于一个非常糟糕的境地——无法建立起真正的竞争壁垒和用户转移成本：虽然在规模上处于领先地位，但并不能将这种规模上的领先优势转变为规模经济优势，或者其他先行优势，反而规模越大亏得越多，从而不得不持续依赖外部融资，而这又反过来稀释创始人和管理层的股份，并压缩其核心员工的竞争力。此外，资金链的压力还可能迫使其转而向商户账期施压，这同时会降低其在商户端的竞争力。

因此，O2O 未来的竞争只会更加白热化。在百度高调宣布向糯米投资 200 亿元人民币，把 O2O 作为自己的未来战略方向之后，百度糯米对美团和大众点评掀起了猛烈的金钱和舆论攻势，数据显示，百度糯米已经在蚕食两者的市场份额。美团与大众点评合并后，只会让百度的目标更加集中，这场"烧钱"大战还远远看不到尽头。

另外，作为美团早期投资人之一的阿里巴巴对美团已经逐渐失去耐心。阿里巴巴和蚂蚁金服合资成立的新口碑虽然并没有被统计在团购的市场份额之中，但却是O2O市场不可忽视的一股新生力量。背靠超级App支付宝，新口碑的获客成本极低，用户体验相比团购也更有优势，不到50天，新口碑单日交易就突破100万笔。

易观智库数据显示，合并后的O2O生活服务市场形成了新美大与百度糯米双寡头垄断的格局，其他平台受到挤压，市场占有率持续下滑。

新美大在资本收紧、盈利困难及对手强烈攻势的多重压力下，一方面需要通过品类扩张增加自身造血能力，另一方面又不得不收缩战线，将资金和资源聚焦于核心业务。合并后新美大并没能在O2O生活服务领域对百度糯米取得优势，市场占有率反而有所下滑，比如在餐饮类（不含外卖）服务中，其市场占有率从2015年四季度的72.3%下滑了0.1个百分点，团购份额则从2015年三季度的77.9%下滑到75.8%。

主要竞争对手百度糯米在百度资金和生态战略的支持下，通过技术改造，同时结合百度在搜索、地图、移动分发市场入口的推广渠道及百度钱包的协同推广，活跃用户增速与市场份额均获得快速提升（参见表12-1）。

表12-1　O2O平台的市场竞争格局

单位：%

平台类型	时点	市场占有率		
		美团+大众点评	百度糯米	其他O2O
生活服务交易类平台	2016年二季度	75.4	23.8	0.8
	2015年四季度	75.2	23.3	1.5
	2015年	77.9	18.8	3.3
餐饮品类（不含外卖）	2016年二季度	72.2	26.8	1.0
	2015年四季度	72.3	26.3	1.4
	2015年	76.5	20.1	3.4
团购	2015年四季度	75.8	22.7	1.5
	2015年三季度	77.9	20.1	2.0
	2015年	78.1	18.3	3.6

资料来源：易观智库。

因此，未来新美大能否顺利完成内部整合从而实现 1 + 1 > 2，进而战胜百度糯米，还有待时间的进一步检验。

五 案例启示

生活服务领域的 O2O，在发展过程中需要大量资本支撑。在业务发展中长时间的高额补贴、以亏损换规模的"烧钱"大战让投资人胆战心惊，生怕企业因现金流不继而灰飞烟灭，从而促成了多个 O2O "老大""老二"的合并案例。投资人寄希望于通过强强联合巩固市场、降低成本，并且可以增强规模效应、拓展产品线，令企业能够早日摆脱亏损的境地。借鉴新美大及其他 O2O 合并案例的经验，我们发现有很多值得学习之处。

1. 创始人的整合

O2O 合并后，两个管理团队的整合是一个大难题。

一般而言，两个规模相近的公司合并后，初期实行联席董事长或双 CEO 制。双 CEO 制源自国外大企业合并时的安排，典型如时代与华纳公司的合并、旅行者集团与花旗公司合并、戴姆勒奔驰与克莱斯勒合并，双方原首席执行官都保留 CEO 头衔。双 CEO 制有利于合并后公司的平稳过渡和有效领导，尤其是维持原有人员的士气。

但是从实际施行的效果来看，大部分时候都是不成功的。毕竟一个企业如果存在双重领导，不仅在两个 CEO 之间需要大量的沟通，下属员工在工作中也会面对不同领导的要求，从而工作效率可能会大打折扣。

因此，并购后 O2O 企业创始人的整合是最难的一步，但却是不得不整合的一步，从大部分 O2O 合并的案例来看，最终基本都是"老大"彻底掌控局面，"老二"出局。比如，58 同城与赶集网合并半年后，赶集网创始人杨浩涌宣布卸任集团 CEO 一职，正式出任瓜子二手车 CEO；滴滴与快的合并后，快的创始人吕传伟在合并后的一个月就已经卖掉了所有股份，退出了合并后的企业。

2. 业务与管理团队的整合

O2O 公司之间都存在一定的业务重合，又存在一定的竞争关系，如何把重合又有竞争关系的业务整合到一起，对任何一个合并方来说都非易事。

国内 O2O 企业合并的主要动机是降低竞争烈度，这也就意味着业务重合部分必须精简，这就需要对两家企业的组织架构、业务模块、市场区域等做一个很好的梳理，通过留强汰弱、整合品牌、优化平台等手段，减少成本、增大规模、强化竞争优势。而对于原本差异化竞争的业务部分，则可以根据新的公司战略，选择重点继续投入，以加强公司的产品线、满足客户的更多需求，增加收入来源。

团队的整合则是另一个痛苦的过程。任何两个大型的团队合并到一起，最终都免不了团队当中会有人离开，但是整合的过程当中如何留住团队每一位核心的优秀人才，这是合并之后需要深入思考的。这方面比较成功的是新美大合并案，美团与大众点评的团队整合只用了 1 个月就完成了组织架构、人事安排、政策规则的对标和统一，员工账号系统也全部打通，并且双方不但没有裁员，反而还出现了内部各部门之间抢夺员工、对外扩张的现象。

3. 生活服务 O2O 的关键是建立真正的"护城河"

赢者通吃是互联网的生存法则，为了抢占规模的制高点，O2O 通常采取大规模补贴的模式来吸引流量。但持续的"烧钱"让投资人难以忍受——补贴大战让大家都看不到盈利的希望，而流量在多数时候难以转化成持续的现金流，一个重要的原因就是缺乏"护城河"——高频入口。比如，美团的主业是团购，但是团购比较低频，一般消费者每个月只有三两次，而外卖频次更高，饿了么就对美团的业务构成挑战，美团被迫紧急跟进。再举个例子，滴滴之所以通过地推、"烧钱"建立了"护城河"级的竞争力，因为打车是个高频入口，而且滴滴与快的合并后扩展了产品线，出租车、快车、专车、大巴、顺风车、代驾等品类齐全，所以才能压制Uber的中国业务，最后迫其出售中国业务。

案例十三
华为收购港湾

　　成立于 1988 年的华为是中国通信设备行业的龙头，是中国企业崛起的象征和成功的标志，但是其在与数据通信设备商港湾公司的竞争中却一度落入下风，最后通过收购才完全解决掉竞争对手，任正飞用了四个字评论这场胜利："惨胜如败"。

一　李一男出走创立港湾

　　1993 年 6 月，华中理工大学少年班出身的李一男被任正非的人格魅力感动，义无反顾地走进了华为。任正非坚持根据业务能力不拘一格提拔人才，23 岁的李一男开始成为华为一颗耀眼的新星：两天时间里，李一男升任华为工程师；两个星期后，因解决一项技术难题，被破格聘为高级工程师；半年后，因工作出色就任华为最重要的中央研究部副总经理；两年后，李一男因为在华为 C & C08 万门数字程控交换机的研制中贡献突出，被提拔为华为中央研究部总裁以及华为总工程师；四年后，27 岁的李一男成为华为最年轻的副总裁。

　　李一男继续在华为发挥自己的技术天赋，带领研发人员开发了国产 GSM 商业化网络设备等数十项具有世界先进水平和极高商业价值的技术成果及产品。

　　李一男对未来技术趋势有着惊人的洞察力，一度被视为任正非的接班人。然而，或许是因为在华为的工作激情消退，或许是由于内部关系没处理好，李一男最终选择离开华为去创业。

　　任正非最终同意了李一男内部创业的请求。任正非在《华为的冬天》一文中指出，要应对电信业的冬天，可以把华为的分销、培训、内容开发、终端设备等业务，外包给华为创业元老，团结一大群志同道合的合作者，这样，华为自身可以把全部精力集中在核心竞争力的提升上。李一男的创业，也可以看成是任正非重塑华为的一种尝试。2000 年，李一男领了华为最后一笔 1000 万分红，北上京城创建港湾网络，一开始主要从事华为产品的代理。

按照李一男的最初定位，港湾公司作为华为的合作伙伴，更多的是为华为服务，即成为华为的分销商，代理华为的路由器和数据通信产品。很快，技术出身的李一男便不满足于当代理赚差价，决定选择数据通信业务作为突破口。彼时思科一家独大，数据通信领域的竞争压力不如移动通信领域，华为在数据通信领域的实力相对薄弱，李一男决心把握住这个潜在机会。

港湾成立一年内就迅速推出了自己研发的路由器和交换机等数据通信产品，这意味着港湾从华为的代理商变为华为的竞争对手。事实上，港湾最为成功地应用了华为的战略、战术和企业经营理念，其"小华为"的称呼也由此而来。

李一男对研发很重视，港湾每年研发经费投入占整体销售额的 12%～15%，研发人员占公司员工总数的大半。高投入结出了累累硕果：2001 年 11 月，港湾在国内首家推出机架式以太网骨干交换机；2002 年 1 月，港湾在国内首家推出 ADSL/VDSL 混插大容量机架式 IPDSLAM 系统；2003 年 5 月，港湾在国内首家推出支持 OC192 接口的 T 比特核心路由器。港湾声称，这些宽带网络建设中应用最广泛、最主流的产品领先于国内主要竞争对手 12～18 个月的时间。

与之对应，港湾的业绩也节节攀升。2000 年，营业收入为 7600 万元；2001 年，营业收入为 1.47 亿元；2002 年，营业收入为 4.1 亿元；2003 年，这一数字攀升到了 12 亿元的高峰，几乎以一年翻一番的速度迅猛增长。

李一男的技术背景辅以港湾的优良业绩，加上行业的高增长前景，赢得了投资人的青睐。2001 年 9 月，华平投资（Warburg Pincus）和龙科创投分别将 1600 万元人民币和 300 万美元交到了当时旗下仅 100 多人的港湾。仅过 8 个月，2002 年 5 月，华平和龙科又分别再投资 3700 万元人民币和 500 万美元，同时还为港湾提供了 3500 万美元的银行贷款担保。

二　华为与港湾反目成仇

与港湾在创业前三年的一片风光相比，华为却危机四伏。2002 年华为销售总额 220 亿元，同比下降 35 亿元，这是华为首次负增长。华为曾重金投入的 3G 研发由于 3G 牌照迟迟未发放而只能搁置；在联通 CDMA 招标中意外失手；忽视小灵通让老对手中兴缩短了与华为的差距。在数据通信产品上，因港湾成立一年就迅速推出自己研发的路由器和交换机等产品，港湾与华为在宽带 IP 产品领域形成全面竞争。港湾在网络市场占有率为 7%～8%，而华为也仅有 10%～15%，并且港湾带走了华为数据产品线大批人马，双方在人才、市场等领域全面交战。与此同时，华为还与思科陷入了"世纪诉讼"，腹背受敌。

值此艰难困苦之际，华为开始迎难而上，在数据通信市场发力。2002 年，华为正式收回了之前签约给港湾的代理权，并派重兵加大了市场开拓的力度。2003 年又和 3COM 成立了合资公司专门从事中低端数据市场的发掘。2004 年，华为与 3COM 的合资公司已经运转良好，而与思科的官司也已暂告一段落，著名的华为"打港办"就在这时成立。

任正非下达了对港湾的"必杀令"，"打港办"有两条基本原则：一是让港湾有营业额但赚不着钱；二是狙击港湾上市，也不让其以高价卖给外资。为此，华为对内部下了死命令：假如丢单给复兴、思科没关系，丢单给港湾要受处分；对于一些大客户已经在使用港湾设备的，华为就回购，甚至买一送一，迫使港湾废标；同时还开展"挖人运动"，港湾接进网产品线的研发职员被华为"一锅端"。据说华为为此预备的"打港"经费最多时一年高达 4 亿元，而同一年，港湾的应收账款也高达 4 亿元。

反过来看港湾，彼时的李一男似乎过于乐观。在一份内部资料里，港湾认为"创业企业在迈过 10 亿元以后，再增长到 40 亿～100 亿元就比较容易了"。港湾为此制定的 2004 年的销售目标是 20 亿元，当时港湾公司上下包括代理商都认为实现这一目标并不困难。但很快，港湾就感到了市场的寒意。一名港湾高管这样回忆说，"到了 2005 年，港湾研发已经跟不上市场发展，很多新功能无法兑现，市场下滑之后，很多给用户个人的承诺也开始出现无法兑现的情况，这是恶性循环"。2005 年，港湾公布的确认后收入是 1.25 亿美元，但国内仅有 8300 万美元，与前一年持平。更为严重的是，这一年，甚至出现了国内所有电信运营商集体清退港湾 DSLAM产品的情形，变成只有复兴、华为和上海贝尔阿尔卡特三家主供给商，而这个产品是港湾当时的主要盈利产品之一。

港湾持续遭到华为的反击，似乎前景不明——上市无望、士气低落并遭受资金吃紧等流言的困扰。2004 年 3 月，港湾出现转机的迹象，李一男成功说服风险投资人追加投资。由 TVG 投资携淡马锡控股及港湾原股东华平投资、龙科投资再次向港湾注资 3700 万美元，此举是李一男谋划带领港湾再次向纳斯达克进军的信号。

三 华为收购港湾

对港湾而言，成也资本，败也资本。此时港湾的股权结构是：李一男持股约 24%，员工持股约 25%，其余 51% 左右的股份掌握在风险资本手中。风险资本掌握了港湾的最终控制权，可以左右港湾的命运。

2005 年 9 月 2 日，一封信件由华为技术有限公司发出，最终送抵港湾网络有限公司法务部。信件很简单，主体内容不到 1000 字，但是措辞却相当强硬，要求港湾公司尽快解释对华为多项产品的知识产权侵犯问题，如若不然，不排除诉诸法律。

华为此举意在狙击港湾上市或者阻止其被西门子收购。港湾此时正处在紧锣密鼓筹备纳斯达克上市的关键时期，按照美国证监会（SEC）的要求，港湾必须要将法律纠纷这一风险因素在上市文件中充分披露。华为此举将对港湾上市造成巨大的压力。西门子基于华为与港湾的知识产权纠纷问题，也宣布放弃收购港湾。

2005 年底，港湾所获风投资金的 5 年上市承诺到期，而上市之路却渐行渐远，再加上近来港湾的经营状况不理想，港湾彻底陷入了困境。面对资金困境，技术天才李一男也回天乏力，最后在资本的压力下，港湾被迫向华为低头。

2006 年 6 月 6 日，华为科技和港湾网络联合宣布，二者达成有关收购的意向性协议，并正式签订谅解备忘录，华为将收购港湾宽带产品线的全部资产、人员、业务以及相关的全部知识产权，李一男重回华为。据计世资讯数据显示，2005 年，华为占据了国内以太网交换机市场 39.2% 的份额，港湾作为第四大厂商，占据了 3.3% 的份额。收购后，华为的以太网交换机市场份额将得到进一步巩固，并超越思科的市场份额（42.1%），跃居首位。

并购港湾，华为出价 17 亿元人民币，远高于西门子 1.1 亿美元的报价。从经营层面看，华为通过并购港湾可以重组数据业务，避免无谓的竞争，可以专心与海外龙头企业竞争国内外市场份额；从管理层面看，华为具有高效的管理团队，通过并购整合港湾，可以锻炼其整合能力，为将来的其他并购业务储备经验，另外，港湾无法与华为直接竞争的经验教训也给未来的华为内部创业者们上了一堂课，将来的创业就会绕开华为的竞争领域；从战略层面看，并购港湾可以获得优质资产（包括管理团队、科研人员、专利技术等），让华为迅速切入增长较快的数据产品领域，分散华为的业务风险，增强盈利能力。

2007 年，华为订单销售额为 160 亿美元，这一数字比 2006 年增长了 45%。销售额中有 72% 来自国际市场，约 115 亿美元。

四 案例启示

1. 鼓励内部创业不能同业竞争

自 20 世纪 90 年代，华为高管就有离职创业的传统，这个传统延续至今。据了解，从华为出来的员工前后超过 3000 人，他们中的很大比例都选择了创业。华为人创业一般有三种选择。其一，做代理，好处是收益稳定，缺点是没有核心竞争力，上游的产品厂商决定着自身规模。其二，开咨询公司，把华为发展过程中的管理理念、方法、工具传授给更多的后来者，但是做咨询有瓶颈，实现年收入上亿很难。上述两样，都跟华为没有直接冲突，做代理的公司跟华为是合作伙伴，做咨询的公司也会对华为的品牌影响力有推广作用。

与华为有冲突的是，其三，产品研发。不少走出华为的有志青年，创业之初就决心要搞自主品牌和产品研发——创造真正的价值。他们自筹资金（多是辛苦打工挣来的血汗钱），引入 VC，热火朝天地开始自由创业。而做产品研发又有两种不同路径：一种是了解华为没有做什么，从中找到市场机会，形成自己的竞争力，如格林耐特（专注宽带接入产品及应用开发）；另一种则是了解华为在做什么，并且知道华为在做的事情中什么没做好，然后把它完善起来形成竞争力，如港湾。前一种，其实跟华为也没有冲突，但后一种创业公司和华为在同一个领域将面临直接竞争。以港湾为例，港湾从代理转型研发后，带走了华为数据产品线的大批人马，对华为的数据领域形成了直接竞争。

内部创业激发了员工的创业激情，孵化了新产品、新业务，但是若操作不当，就可能培养出公司核心业务的竞争对手，所以在内部创业的范围和员工创业应回避同业竞争方面要做出相应的约束。

2. VC 是把双刃剑

李一男的成功得益于 VC 资本对其发展的资金支持，从而让港湾在两三年内就在数据领域对华为形成了直接竞争。初期的成功让李一男和 VC 资本都信心大增，加大资金投入、快速扩张产品线，这些都为港湾的失利埋下了隐患。

VC 资本在港湾发展过程中，还可能存在一些灰色的做法，比如暗地里鼓励创业者挖走华为的核心骨干，甚至偷窃其技术和商业机密。这曾惹得任正非强烈不满："西方基金在 2000 年美国 IT 泡沫破灭中惨败后，转向中国，以挖空华为、分裂华为、窃取华为积累的无形财富来摆脱他们的困境。华为那时弥漫着一股歪风邪气，都高喊'资本的早期是肮脏的'口号，在 VC 推动下，骨干们成群结队地合手偷走公司的技术机密与商业机密。"

但是，当李一男遇到困难时，VC 就从天使变成了魔鬼。为了尽快上市，李一男在资本的督促下不得不大干快上，港湾的产品线急剧扩张，有的产品线根本不赚钱却占用大量的研发力量，有的产品未经严格测试就推向市场，而华为的打压成了压垮港湾的最后一根稻草。资本对港湾的困难局面进行评估后，没有耐心帮助港湾重整旗鼓，而是逼迫李一男放弃控制权，向华为投降，而资本依旧能够在华为并购港湾的交易中获利匪浅。

所以，VC 是把双刃剑，创始人不能过度迷信资本，对公司战略和经营要精益求精，这样才能把企业真正做大做强。

第四章
海外收购

随着区域一体化进程的发展，在全球生产网络以及新一轮产业革命与新一代信息技术革命的推动下，全球价值链一体化不断深入。在这个过程中，全球价值链的拆分和外包程度不断提高，其中跨国公司对全球价值链的掌控与治理能力变得越来越重要，成为其维持核心竞争力、占领国际竞争制高点的重要途径。跨国公司可以利用其在价值链中的主导地位，对价值链的各个环节进行深度分解，不断实施全球资源的战略组合。因此，中资企业提升国际竞争力的方式之一，就是尽可能地向上下游拓展延伸产业链，注重全球核心技术的收购，把控上游基础产业环节和技术研发环节以及下游市场拓展环节，再通过全球价值链一体化降低成本，控制价值走向。

改革开放后的前30年，中国经济最大的动力之一是融入全球经济，全球的跨国企业把中国的资源作为其全球配置的一部分。而现在，中国拥有巨大的市场和需求，中国企业正在利用这个优势，将全球最优秀的技术、品牌、市场渠道等各类资源，嫁接在中国动力之上。

案例十四
美的收购库卡机器人

2016 年 12 月 30 日，美的集团宣布对德国机器人生产企业巨头库卡的要约收购通过了最后一道审查。收购合同已完全满足美国外资投资委员会（CFIUS）和国防贸易管制理事会（DDTC）审查的交割条件。作为一家中国本土成长起来的白色家电企业，美的集团能够成功收购世界机器人生产企业巨头库卡公司，不仅意味着中国人已经完全掌握了此前由西方世界主导的并购市场游戏规则，也意味着中国企业已学会使用国际通行的市场语言。这次收购使中国企业跨国收购的观念发生历史性突破。

一　并购双方企业介绍

1968 年，美的成立于中国广东，迄今已建立遍布全球的业务平台。美的专注于白色家电领域，旗下拥有美的、小天鹅、威灵、华凌、安得、正力精工等十余个品牌，在世界范围内拥有约 200 家子公司、60 多个海外分支机构及 10 个战略业务单位。2016 年，美的集团在《财富》世界 500 强排名中位列 481 位，利润排名第 216 位。截至 2016 年 12 月 31 日，美的合并收入超过 1500 亿元，在全球拥有数亿计的用户，遍及各领域的重要客户与战略合作伙伴，并拥有约 13 万名员工。美的于深圳证券交易所上市，建立了现代企业制度，其多元化的股份结构显示，超过 20% 的股份为国际机构投资者持有。

德国库卡集团在全球机器人行业可谓家喻户晓。作为全球四大机器人制造企业之一，拥有百年历史的库卡集团堪称德国制造业典范。库卡集团在德国制造业网络化战略"工业 4.0"中占据主导地位，在汉诺威工业展上更被德国总理默克尔誉为"德国工业的未来"。库卡集团旗下三个主要业务板块分别为：库卡集团机器人板块、库卡集团系统板块以及瑞仕格板块。

二 机器人对美的的意义

白色家电企业属于劳动密集型企业，用机器人代替人工已经逐渐成为制造业领域里的趋势之一。事实上，在美的收购库卡前，公司已经开始布局机器人领域。2012 年以来，美的累计投入使用近千台机器人，自动化改造预计投入约 50 亿元，大幅提高了生产的自动化率。2015 年，美的新成立了机器人业务部门，在机器人产业拓展上全面布局。可以说，机器人已卓有成效地改变了这家电器业巨头，美的自身非常清楚机器人对其未来发展的重要性。

目前，全球机器人公司主要分为日系和欧系。日系品牌主要有安川、发那科、那智、川崎等。欧系品牌主要有德国的库卡、瑞典的 ABB 等。其中，安川、发那科、库卡和 ABB 合计占据较高的市场份额，又被称为机器人行业的四大家族。据国际机器人联合会（IFR）统计数据，2013 年，中国市场机器人销量达到 3.37 万台，同比增长 29.62%，超过日本市场的 2.6 万台，成为全球最大的机器人销售市场。然而，国内 90% 以上的机器人市场份额被上述四大家族占据。

近几年，国际机器人制造商开始大举在中国开设工厂，促进了家电企业机器人的应用。对于库卡来说，中国市场一直是短板。不用说中国机器人市场的巨大市场空间，仅美的自身的机器人需求，对库卡而言都是一块巨大的"蛋糕"。2014 年 3 月，库卡首家海外工厂落户上海，以满足不断增长的亚洲机器人市场需求，尤其在 3C 和家电行业。

三　美的并购库卡的优势

1. 家电行业巨头血战，收购是唯一出路

美的、格力、海尔在家电领域已血战数年，行业平均利润率在不断下降。近两年，整个白色家电市场陷入低迷，进入库存消耗战。而与此同时，从互联网领域跨界而来的竞争对手，带有更强的智能基因——乐视、小米、PPTV、微鲸、看尚，开始鲸吞市场。对此，白色家电行业全力寻求智能化转型，收购几乎成了唯一出路。比如，青岛海尔以55.8亿美元完成了对 GE 家电的收购；美的集团以514亿日元收购东芝白色家电业务、以37亿欧元收购德国库卡；格力电器拟以130亿元并购珠海银隆。三大巨头为了并购，动用资金总量超过800亿元，在国内家电业史无前例。

2. 美的具有丰富的收购经验

美的的整个发展历史就是一部并购史。1985年，美的引进了国内第一条生产线。1998年12月，美的以5400万元的对价收购东芝万家乐。由此，其布局往上游核心零部件延伸，杀入被誉为空调"心脏"的压缩机领域。2001年，其收购日本三洋的磁控管工厂；2007年，收购荣事达；2008年，收购小天鹅；2010年，收购埃及最大的家电企业 Miraco 公司32.5%的股权；2011年，收购位于巴西的开利拉美空调业务公司51%的权益。2015年，与国际中央空调巨头开利合作、与德国最大的工业企业博世成立合资公司、与日本希克斯公司成立合资公司。2016年，收购意大利中央空调企业 Clivet S. P. A. 80%的股权以及日本家电巨头东芝白色家电业务80.1%的股权。

3. 增强上下游产业链的协同效应

机器人行业上游关键零部件包括控制器、伺服电机、减速机等，研发难度高，主要被发达国家掌控，利润率高。中游本体的制造结构趋于稳定，难有创新和突破，近些年价格在持续下降。下游系统集成的竞争激烈，利润较低，厂商多集中于发展中国家。利润率最高的产业环节集中在上游，进入该领域的技术、人才、资金、经验的壁垒很高。要想实现快速地向上游延伸，最好的方式就是通过纵向的外延式收购，不仅增强了上下游产业链的协同效应，还可以布局全产业链、提高竞争力。根据国际机器人联合会的最新预测，2016 年到 2018 年，工业机器人安装量再次增长，年复合增长率至少达到 15%。2018 年，全球工业机器人总销量将达到 40 万台。但中国工业机器人行业存在几大痛点：自主创新能力不足；核心零部件依赖进口；国内厂商起步晚、规模小、抗风险能力弱。所以，要想在这个领域有所突破，自主研发是途径之一，境外并购也不失为一种选择。

4. 有助于美的深入全面布局机器人产业

美的集团自 2015 年成立了机器人业务部门，在机器人产业拓展上全面布局。收购库卡后，一可凭借库卡集团在工业机器人与系统解决方案领域领先的技术实力，联合开拓包括工业机器人在内的多领域机器人市场；二可助力"双智"战略——美的意图通过"智能制造＋工业机器人"模式，布局新的业务成长空间，以服务机器人带动传感器、人工智能、智慧家居业务的延伸，打造美的集团智慧家居集成系统化及生态链能力；三可促进集团物流业务发展，瑞仕格是库卡集团的三大主要业务板块之一，是全球知名的医疗、仓储和配送中心的自动化解决方案供应商，通过此次收购，将大力协助美的集团发展第三方物流业务，提升自动化物流仓储运输效率，完成公司在物流领域的布局。

5. 可帮助库卡打开中国市场

首先，本次收购，美的并没有意图取得库卡集团的控制权，只表示可能寻求监事席位，如此一来，既可以维护库卡集团管理层及核心技术团队的稳定，又可以保持集团业务的独立性。其次，随着英国"脱欧"，欧洲共同市场进一步萎缩，当地越来越多的中高端制造业的生存空间被压缩，而德国提出的工业4.0革命，更需要全球化的大市场，尤其是中国。再次，库卡与美的集团将共同发掘服务机器人的巨大市场，提供更加丰富多样且专业化的服务机器人产品。

四　收购库卡的方案和过程

美的集团拟通过境外全资子公司MECCA以现金方式全面要约收购库卡集团的股份，其持股比例达94.55%。库卡机器人制造水平在全球处于领先地位，同时市值规模适中，为少数具有核心技术能力且规模较为合适的标的企业，符合美的集团战略投资的方向。

第一步：确定收购主体为MECCA，由美的集团香港全资子公司美的国际控股持有其100%的股权。具体股权结构见图14-1。

图14-1　美的股权结构

资料来源：笔者根据资料整理。

第二步：MECCA以现金方式全面要约收购库卡集团的股份，要约收购价格为每股115欧元。收购资金来源为银团借款和公司自有资金。

第三步：本次交易为要约收购，要约收购的潜在对象为库卡集团除

MECCA 外的其他所有股东，具体交易方以最终接受要约的结果为准。

第四步：按照要约价格为每股 115 欧元计算，本次收购的总价约为人民币 292 亿元（按照 2016 年 3 月 31 日中国人民银行公布的外汇牌价中间价计算）。

根据《德国股份公司法案》，股份公司有三个公司治理机构，分别为执行委员会（也称管理董事会）、监事会和股东会。执行委员会负责管理公司，并不受监事会、股东会或某一特定股东决定或指令约束（如不存在控制协议），执行委员会的成员由监事会任命。监事会的主要职责是任免执行委员会的成员，监督执行委员会，适时向执行委员会提建议，监事会成员由股东会选举产生。值得注意的是，根据德国关于员工共同决策的法规，库卡集团半数监事会成员由股东会选举产生，另一半监事会成员由库卡集团的员工选举产生。股东会作为公司股东组成的大会，至少一年召开一次。

在本次收购中，美的并未谋求董事席位，仅寻求监事会代表席位。美的曾公开表示："美的集团十分欣赏库卡集团的管理层和员工，对库卡集团现有管理层充满信心，希望在收购完成后继续支持库卡集团业务的独立性，维护库卡集团管理层及核心技术人员的稳定。"

五 案例启示

1. 明确目标，提前布局

对于美的集团来说，传统家电业增长趋缓加上利润下降已是不争的事实，在继续拓展国内外市场、维持主业的同时，投资库卡集团寻求新的增长点，不失为一招妙棋。美的集团希望借助库卡集团在工业机器人和自动化生产领域的经验及产品线，进一步提高生产效率，并推动美的集团制造升级。同时双方将联合开拓"广阔的中国机器人市场",并通过优势互补与协同效应,有效提升美的集团业务多样性、全球业务布局及获利能力。

2. 化整为零,逐步增持

美的集团对库卡集团的兴趣要追溯到 2015 年 8 月首次在二级市场买入库卡集团 5.4% 的股权,紧接着,美的集团在 2016 年先后两次将股份增持到了 10.2% 与 13.5%。在前期逐步以相对较低的价格注资后,美的对库卡集团有了进一步了解。2016 年 5 月 18 日,美的集团正式提出要约收购,拟报价每股 115 欧元。通过逐步增持的方式谋求库卡集团这类优秀企业的控股权,既减少欧美政府和大众对中国企业突然冒进的陌生感和资金压力,也规避了中外企业合并中经常出现的诸多冲突和操作风险,如此战术堪称稳健又不失灵活,具有很强的指导意义。

3. 借助外力,寻求支援

在公布要约收购后,面对来自德国和欧洲的压力,美的集团首先在库卡集团公司内部谋求董事会和监事会的一致支持,并运用三一重工、均胜、潍柴等成功并购德国企业的先例说服众多担忧和反对者。此外,对库卡集团这样的明星企业,利用德国总理默克尔 6 月 12 ~ 14 日访华期间,通过领导人非公开接触和沟通,形成两国间正常贸易投资的默许与支持,为美的集团全面要约收购库卡集团打通了道路。

4. 分清形势,重点突破

在这次"不请自来"的要约收购中,每股 115 欧元的报价颇具杀伤力,这个价格不仅打动了小股东,在美的集团答应库卡集团提出的 5 项承诺后,大股东福伊特集团(Voith)对这宗交易的态度也即刻发生了反转。这份报价对福伊特的意义似乎大大超出了其原先设定的投资目标,根据当时库卡集团的股价,福伊特在 2014 年收购库卡集团 25.1% 的股权时差不多花了 3.7 亿欧元,而如今美的集团愿意以 12 亿欧元的价格收购其手中的股权，相当于 2 年净赚 8 亿多欧元，这对于在 2015 年还亏损 9266 万欧元的福伊特来讲无疑是一笔巨款。在美的集团签署 5 项承诺之后，福伊特果断同意转让全部所持股权。

5. 节制行事，精心谋划

美的集团为了这宗巨额交易，除了战略上的精心谋划外，在资金方面也做足了功夫。美的集团 2015 年年报显示，归属于上市公司股东的净利润为 127.07 亿元，同比增长 20.99%，而 2016 年 1 季度财报也显示，其当期经营活动产生的现金流净额为 65.95 亿元，同比增加 163.94%。此外，美的集团在 2015 年全年产生的现金流净额高达 267.64 亿元人民币，现金流相当充裕。同时，美的集团也寻求了银行贷款，在公布的要约收购中显示，2016 年 6 月 2 日，子公司 MECCA（收购主体）向中国工商银行（欧洲）有限公司巴黎分行和中国工商银行法兰克福分行签订了一份融资协议。

6. 快速出击，高效成交

美的集团拟以企业自有资金加银行贷款，以现金支付的方式全面要约收购，通过高昂的报价诱使控股股东主动退出；同时也考虑到库卡集团作为德国上市公司，如果通过发行新股或换股来收购，交易过程或将存在较大的不确定性和市场风险。从美的集团 6 月 16 日发出要约收购，到 6 月 28 日其宣布与库卡集团签订约束性投资协议，前后不到两周时间，对于如此巨额的一宗交易，可谓神速。这很好地抑制了库卡集团股票的进一步上涨，节省了大量交易成本。其中，除了美的集团上一年已注资库卡集团的有利因素外，本次收购所采取的战术和效率都非常值得推赞。

7. 放眼未来，战略投资

美的集团收购库卡集团志在必得。除了高昂的收购价格外，美的还做出了长达七年半的承诺，包括承诺保持库卡集团的独立性、不退市、尊重库卡集团品牌及知识产权、保留工厂和员工至 2023 年底、支持库卡集团的战略计划等，这一方面说明美的集团相当看好机器人行业的未来，另一方面也显示出美的集团有信心做好收购后的整合工作。海外并购，不是短期买卖，而是一宗长期投资，就似一桩跨国婚姻，需要在交割后，耐心"培养感情"、精细管理。在手握一副"好牌"后，相信美的集团能够做出长远的战略规划。

案例十五
紫光收购西部数据

2015 年 9 月 29 日，紫光股份的全资子公司紫光联合信息系统有限公司与西部数据公司（Western Digital Corp.）签订了股份认购协议，拟以每股 92.50 美元的价格认购西部数据新发行的 4081.5 万股普通股，投资总额约为 37.75 亿美元。交易完成后，紫光将持有西部数据约 15% 的股权，成为其第一大股东，并将获得西部数据一个董事会席位。不过，由于美国外资投资委员会的审查，公司董事会决议终止收购。

一　收购双方企业及背景

1. 并购双方

紫光集团有限公司是清华控股有限公司旗下的大型企业之一，其前身是成立于 1988 年的清华大学科技开发总公司，1993 年改称清华紫光总公司。2009 年 6 月，紫光集团成为按照混合所有制模式、建立市场化机制的国有控股企业。

紫光集团响应国家"十二五战略性新兴产业发展规划"和"自主创新，安全可控"的集成电路发展战略，立志打造中国集成电路产业航母。2013 年 12 月，紫光集团以国际化合作为手段，收购在美国纳斯达克上市的国内排名第一、世界排名第三的通信基带芯片设计企业展讯通信公司，进而在 2014 年 7 月完成对同为纳斯达克上市公司、国内排名第二的通信芯片设计企业锐迪科微电子公司的并购。紫光集团以人才、技术、资本、资源的有效整合为途径，依托国家战略支撑和清华大学的独特优势，形成紫光集成电路产业链，成长为全球集成电路和移动互联领域的巨头企业。

紫光集团以"自主创新 + 国际合作"为双轮驱动，确立了以集成电路产业为主导，向泛 IT、移动互联、云计算与云服务等信息产业核心领域集中发展的战略。

紫光集团的目标，是要打造出一个半导体芯片领域的世界级企业集团。紫光集团计划用五年的时间，把以展讯和锐迪科为代表的紫光芯片产业建设发展成为中国最大、居世界前列的通信芯片集团，员工人数达到 2 万人，收入突破 100 亿美元。

西部数据公司（Western Digital Corp）是全球知名的硬盘厂商，成立于 1970 年，目前总部位于美国加州，在世界各地设有分公司或办事处，为全球五大洲用户提供存储器产品。

长期以来，西部数据一直致力于为全球个人电脑用户提供完善的存储解决方案，而作为全球存储器业内的先驱及长期领导者，西部数据在为用户收集、管理与使用数字信息的组织方面具有丰富的服务经验，同时也具有良好的口碑，特别是在欧美市场。西部数据曾经是全球第一大硬盘生产商，后被超越成为全球第二大硬盘生产商，规模仅次于希捷公司。

2. 收购背景

2014 年，中国芯片市场需求达到 10393.1 亿元（约 1690.4 亿美元），占全球芯片市场的 50.7%，其中存储芯片市场规模达到 2465.5 亿元，占国内芯片需求的 23.7%，为需求占比最高的产品，而且全部依赖进口。2014 年全年，中国进口芯片总计 2176 亿美元，仅次于原油进口（2283 亿美元），成为不可忽视的一大进口项目。

但中国作为芯片单纯购买者的角色，显然对国家安全和国家经济利益都有很大的风险。中国科技硬件产业的滞后，让专利成为压在很多国内科技厂商身上的"大山"。不管是研发、生产，还是销售相关科技、智能硬件产品，都无法摆脱国产专利及产品的烙印。虽然国外科技厂商在专利对话上一直处于强横姿态，但国内科技厂商一直没有放弃突破壁垒的努力，而这些努力主要是自主研发以及收购。

然而，国外各种反垄断和歧视下的政策保护，使国内科技厂商的每一步海外之路都变得异常坎坷。

2014 年，紫光集团曾与美国最大的存储芯片企业美光科技洽谈，欲以 230 亿美元收购美光科技。但由于美国对中国的技术管制，该项目没能通过美国外资投资委员会（CFIUS）的审查。

但紫光并没有放弃存储芯片技术，其希望通过收购硬盘制造商西部数据，"曲线救国"，获得存储芯片制造商闪迪（SanDisk）的供货权与技术。

西部数据方面，全球 PC 业务的下滑使其最为强势的机械硬盘业务领域开始出现衰退，同时固态硬盘制造需要的计算机闪存设备（NAND）主要掌握在三星、闪迪、东芝三家主要供应商手里。西部数据希望通过收购闪迪，快速提升其在固态硬盘上的份额，同时得到稳定的 NAND 供应。

根据西部数据的公告，收购闪迪需要 190 亿美元。而西部数据向闪迪的两种收购方案均系现金 + 换股的方式，差别在于其中一种联合了紫光约 37.7 亿美元的注资款项。西部数据之所以接受紫光的注资，更多的原因可能在于紫光的出价更优。

二　收购方案及过程

1. 收购方案及过程

2015 年 9 月 29 日，紫光股份的全资子公司紫光联合信息系统有限公司与西部数据公司签订了股份认购协议，紫光联合拟以每股 92.50 美元的价格认购西部数据新发行的 4081.5 万股普通股，投资总额约为 37.75 亿美元。交易完成后，紫光将持有西部数据约 15% 的股权，成为其第一大股东，并将获得西部数据一个董事会席位。成立于 1970 年的西部数据，是全球第二大硬盘生产商。

不过，紫光的目的不仅仅是西部数据。在其后的 10 月 21 日，西部数据宣布将以约 190 亿美元的现金和股票收购存储芯片厂商闪迪。如果这笔交易成功，西部数据将可以取得闪存芯片的供货权，而后者是快速增长的计算机存储产品的核心部件。尤其是在潜力巨大的存储芯片（SSD）市场，原本西部数据完全没有闪存晶圆、芯片制造产业，借助这一收购，能一步杀入市场，与自身的机械硬盘业务形成补充。

而如果紫光收购西部数据成功，则相当于绕过了美国政府的管制，完成了在存储芯片等市场布局的关键一步。国内科技厂商终于可以抓住先进科技行业的关键脉搏。

遗憾的是，2016 年 2 月，紫光股份拟入主纳斯达克上市公司西部数据的计划正式宣布流产。据紫光股份公告，该收购事项由于仍需履行美国外资投资委员会的审查程序，公司董事会决议终止收购。

尽管在收购之前，双方为绕过审查，特别提出只收购 15% 的股权，理论上这一比例是无须向 CFIUS 申报，也无须审查的。无奈，仍然被 CFIUS 点名审查。

2. 收购失败原因

加上此前并购美光科技受阻，紫光已经两度遭 CFIUS 阻止。这再次凸显了中国企业在美国寻求投资机会时面临的严格的政策审查环境。

紫光的失意不是孤例。有报告显示，根据 CFIUS 最新披露的 2014 年提交安全审查的案件情况，中国企业遭受审查数量连续第三年名列榜首：涉及中国投资者的案件有 24 起，英国有 21 起，加拿大有 15 起；涉及的行业包括计算机、电子产品、运输设备、化学用品等。

中国企业赴美并购半导体行业的获批难度很大。除了紫光收购西部数据案外，近来因无法通过 CFIUS 审查而被拒绝的中资企业收购案例还包括：被誉为半导体产业"西点军校"的美国仙童半导体拒绝了央企华润集团子公司中国华润微电子和北京清芯华创联合提出的收购要约；飞利浦公司停止向金沙江创投主导的投资基金出售旗下 Lumileds（芯片和车灯公司）80.1% 的股份；等等。

CFIUS 一贯担忧中国企业，尤其是国有企业通过并购获得敏感技术。由于中国正在加强芯片产业的发展，2015 年以来紫光在半导体行业更是频频出手收购，尽管紫光集团明确表示其是以市场为导向的公司，但"获得政府支持的清华控股"仍是美国投资银行给紫光钉上的背景标签。

虽然面对严苛审查，中企赴美在半导体领域的收购仍有成功案例可鉴。

一个思路是，市场化的企业或基金出面并购，或许更容易被美国认可。案例有中资财团对美国图像传感芯片商豪威科技的并购案。2015 年 10 月，由华创投资、中信资本和金石投资组成的财团收购美国豪威科技并获得 CFIUS 审批通过，为中国资本收购美国公司提供了一个成功的案例，2017 年 1 月，该收购宣布完成。

此外，在换取技术市场的目标下，主动选择剥离部分特定资产也能够增加成功的概率。2012 年，万向集团以 2.5 亿美元收购电池制造商 A123 Systems 非政府业务资产，虽然最终收购获批，但由于 A123 Systems 也向美军供应电池，美国国内出现了反对的声音，最终该项目通过剥离面向军方的业务部门，仅收购非政府业务资产，才最终获得了 CFIUS 的支持。

另外，要正确应对 CFIUS。CFIUS 审查程序由两个阶段组成：一旦材料齐全后，CFIUS 会正式立案，对交易启动一个长达 30 天的审查。在此之后，CFIUS 要么给出批准决定，要么决定启动长达 45 天的第二轮审查。第二轮审查结束，CFIUS 会给出批准决定，或者将这一交易呈交给美国总统予以否决。美国总统有 15 天的时间决定是否宣布否决的行政决定。

审查中，CFIUS 会要求企业列举被收购资产的最大客户所在行业，如果列举的行业中包括国防行业，CFIUS 就要求详细披露所有客户、行业、营业收入和所有相关人员的联系方式。若 CFIUS 了解到某个交易涉及政府或国防合同，就会异常谨慎，确保交易发生后不对政府或国防产生不利影响。

除此之外，由于 CFIUS 审查涉及十多个部门，每个部门都需要表达意见，因而第一次呈交材料时就要预先估计可能出现的问题。假设一个部门表达了反对意见，其他部门则很难要求其驳回，从而导致 CFIUS 整体表达反对意见。

如果没有主动申报而遭到审查，收购标的又处于敏感行业或靠近军事设施，则往往导致交易被取消。中国企业此前曾经有过教训。2010 年 5 月和 2012 年 3 月，在华为以 200 万美元收购小型科技公司三叶公司和三一通过在美国关联公司罗尔斯收购美国风力发电场的两起收购案中，两家中国公司都没有事前主动申报，而是在 CFIUS 的要求下才提交申报材料，从而处于不利地位。

3. 后续的合作

不过，紫光与西部数据的缘分并未就此终结。2016 年 9 月 8 日，紫光集团旗下紫光股份（000938）与美国西部数据（Nasdaq：WDC）正式宣布成立合资公司——紫光西部数据有限公司。

该公司将通过本地研发团队，结合西部数据和紫光集团在技术研发、设计生产、市场推广等方面的领先优势，为各行业客户提供更加符合中国市场需求的大数据存储解决方案及相关服务。

根据紫光集团披露的信息，紫光西部数据公司注册资本 1.58 亿美元，注册地点为南京，投资总额 3 亿美元，紫光股份与西部数据全部以现金出资；在股权比例上，紫光股份持股 51%，西部数据持股 49%。也就是说，成立合作公司后，紫光将借由西部数据的联合收购获得闪迪在 NAND 上的技术支持。清华紫光最终还是间接牵手了闪迪。

三　紫光的芯片王国

2013 年 7 月，紫光集团以 17.8 亿美元收购芯片设计公司展讯。6 个月后，又以9.1亿美元收购另一家芯片设计公司锐迪科。收购完成后，基于展讯和锐迪科两家公司，紫光集团在其顶层设立了一家母公司紫光展锐。2014年9月，紫光引入英特尔，英特尔以90亿元人民币入股紫光展锐，持股比例约为20%。通过这次合作，紫光获得了英特尔x86架构的授权，可以研发和销售相关产品。

2015年2月，TCL的增发宣布完成，紫光集团旗下的紫光通信斥资10亿元认购其4.8亿股股票，持有TCL集团3.92%的股权，新晋成为TCL集团的第三大股东。

4月16日，沈阳机床增发，紫光智能、紫光4.0分别出资20亿元、10亿元认购其1.43亿股和0.71亿股。由紫光集团领衔的上述投资主体，共买下沈阳机床21.52%股份，成为与控股股东持股比例相差不大的第二大股东。

5月，紫光集团控股的紫光股份宣布收购惠普公司旗下"新华三"51%的股权，紫光认购股权的总价达到28亿美元。收购完成后，紫光业务将拓展到与服务器、存储相关的IT领域。

10月30日，紫光宣布向台湾地区企业力成科技投资6亿美元，收购力成约25%的股份，成为这家内存封测厂商的最大股东。截至2015年底，紫光投入近170亿元，先后在中国台湾地区入股力成、南茂、矽品三家封测公司，三家企业均是全球排名前十的封测企业。

11月5日，同方国芯发布非公开发行预案，拟以每股27.04元的价格向实际控制人清华控股下属公司等对象非公开发行29.59亿股，募资总额不超过800亿元，全部投入芯片业务。其中，拟投入600亿元建设存储芯片工厂，37.9亿元用于收购台湾地区企业力成25%的股权，162.1亿元用于对芯片产业链上下游公司的收购。非公开发行完成后，公司控股股东变更为西藏紫光国芯。

四 紫光的并购逻辑

1. 抓住时间窗口，快速并购

全球半导体领域的行业集中度在提高，近几年中国的下游市场也发展很快，国内资本市场对半导体行业非常重视，而海外半导体企业的市场估值普遍偏低，都在十几倍 PE，甚至在十倍 PE 以下。半导体芯片不是类似军工武器这样的国家垄断型市场，而是一个非常市场化的领域，要紧抓目前海外估值偏低的发展机遇，以资本对接产业，实现迅速做大。

2. 坚持善意收购，不做野蛮人

并购是获得技术的重要手段，特别是解决了知识产权的合法性问题，这个规则是全球认可的。芯片行业是技术驱动型行业，国内的技术基础明显较薄弱，只能通过收购，才能最快获得与国际巨头同样的市场资格。

并购有术，中国企业如果以损害美国企业的利益为代价去实施并购是非常不理智的举动。首先，当下中国多数企业的实力仍然不如美国企业，在直接竞争中没有优势。其次，这会引起更加残酷的市场竞争，进而导致双方或多方都无法获利，市场无法开通，造成恶性循环，而更糟糕的情况是会引起两国间的贸易冲突。通过并购，将大家的利益绑定到一起是最好的方式。好的交易绝不是零和博弈，做成你中有我、我中有你，才是最好的合作方式。

美国的核心竞争力是科技创新能力，紫光投资美国高科技企业，与之形成深度合作，双方都获得了很好的发展。通过投资美国的先进企业，紫光也和世界领先阵营实现同步，站在了同一个平台上。

3. 不强行整合

很多企业跨境并购后总想把境外公司变成中国公司，往往一整合就失败。但紫光不会刻意地去做整合。例如，紫光在收购展讯和锐迪科后，成立了紫光展锐来统筹两者的业务，而不是生硬地把两个公司凑到一起做事。

早年展讯和锐迪科是合作伙伴，展讯主要做通信的基带芯片，锐迪科做外围芯片，但由于后期锐迪科也开始介入基带芯片，双方变成了竞争关系。收购之后，紫光重新调整了定位，展讯专做基带芯片，而锐迪科专做外围芯片，包括物联网、数字电视芯片等。紫光集团通过统筹，把双方的利益捆绑在了一起。

五　案例启示

1. 美国政府较为敏感

尽管境外投资进入美国普遍得到认可，也很少成为一个政治问题，但在具体交易中美国 CFIUS 对中资企业的不友好已然明了，因此在中国企业收购 CFIUS 认为的敏感行业时可能会受到严格审查，甚至导致投资失败。在这样的情况下，中企的并购标的或可首选欧洲企业，例如中国化工选择收购瑞士先正达而不是美国孟山都。

2. 并购基金较易成功

欲收购美国企业或资产的潜在境外并购方应在启动任何收购计划或项目之前，对美国的政治和监管环境做出综合分析，特别是目标公司属于敏感行业，或者并购方由外国政府设立或出资，或设立在普遍认为存在政府强烈干预商业经营的司法辖区。如果必须要并购美国敏感资产，可以用金融在前的方式，先由纯粹的市场化并购基金买下，再和中资企业重组整合，从而绕过 CFIUS 的审查。

案例十六
中国化工收购先正达

2016 年 2 月 3 日，历经艰苦曲折的谈判，中国化工与世界农化巨头先正达宣布，中国化工将以 430 亿美元的全现金报价，收购先正达公司100% 的股份。如果这笔交易能够完成，将成为中国企业最大海外收购案。

一 中国化工与瑞士先正达

1. 中国化工集团

中国化工集团公司（简称中国化工，英文缩写 CHEMCHINA）是经国务院批准，在中国蓝星（集团）总公司（简称蓝星公司）、中国昊华化工（集团）总公司（简称昊华公司）等原化工部直属企业重组基础上新设的国有大型中央企业，于 2004 年 5 月 9 日正式挂牌运营，隶属国务院国资委管理。中国化工是世界 500 强企业，也是中国最大的基础化学制造企业，目前主营业务主要分布在能源、农业、化工、地产、金融五大领域。中国化工是我国唯一经营化肥、种子、农药三大农业投入品的央企，下设中化化肥控股有限公司、中国种子集团有限公司和中化现代农业有限公司三家子公司。此次收购先正达，主要基于集团的农业业务。

2. 瑞士先正达

2000 年 11 月 13 日，阿斯特拉捷利康的农化业务——捷利康农化公司以及诺华的作物保护和种子业务分别从原公司独立出来，合并组建了专注于农业科技的企业先正达（Syngenta），总部设在瑞士巴塞尔，在瑞士、伦敦、纽约和斯德哥尔摩的证券交易所上市。

先正达是全球第一大植物保护（简称"植保"）公司、第三大种子公司，在农业转基因技术方面拥有先进水平。先正达在全球 90 多个国家和地区拥有 28000 名员工。2014 年该公司销售收入为 151 亿美元，利润为 69.6 亿美元。

在农化业务（植保）方面，先正达近年的销售额一直稳居世界首位，2014 年业务销售额达 113.8 亿美元。在种子业务方面，先正达的销售额排在孟山都和杜邦之后，位居世界第三，2014 年业务销售额为 31.55 亿美元。其经营的作物包括玉米、大豆、麦类、蔬菜、水稻、向日葵、油菜和甜菜等。在 16 年的时间里，先正达从农业化学品公司到植保巨头，发展成为目前"植保 + 种子 + 农技服务"一体化作物综合解决方案的提供商。

北美地区多年来一直是先正达最大的市场，但随着拉丁美洲和亚太等地区新兴经济体的发展，其北美地区的市场份额由 2009 年的 46% 降为 2014 年的 33%；而拉美和亚太地区的市场份额则由 2009 年的 17% 上升为 2014 年的 27%。尤其是中国市场拥有超过 10 亿的人口数量，以及改善生活水准、饮食精细化的需求，部分需要通过食品进口来解决。这些将带来非常大的市场机会。不过，对先正达而言，除了要在中国有战略部署外，还要解决当地对转基因产品的接受度问题。

先正达在农化种子行业拥有强大的销售渠道优势与技术研发实力。

在销售渠道方面，先正达在全球 90 多个国家和地区拥有销售网络，尤其在欧洲和亚洲具有强大的市场实力。这也是与其业务高度重合的美国孟山都曾三度出高价竞购先正达的重要原因——拿下先正达，就意味着拿下了先正达在欧洲和亚洲的巨大市场。

在技术研发方面，虽然先正达在种子业务方面排在杜邦先锋和孟山都之后，但是先正达深耕具有更高附加值和发展潜力的蔬菜、花卉种子品类，在这一领域具有别家公司无可比拟的竞争力。先正达与全球 400 多家大学和科研机构开展研发技术合作，掌握了世界领先的生物育种技术。而且，该公司近年投巨资布局智慧农业和生态农业，致力于为农业从业者提供整体性的植保解决方案，这也是其他农化种子巨头所不具备的优势。

不过，近年来农药行业整体萎缩，而且由于转基因及农药巨头身份，先正达在全球也面临着各种尴尬的处境。其不少转基因及农药产品在欧盟等地遭遇争议和抵制，整体盈利表现也受到农化业务部门的拖累，业绩每况愈下。从 2011 年到 2015 年，该公司的利润增长率持续下滑，2014 年更是爆出全球裁员 1000 人、公开削减开支的利空消息。股东团体对此种情形已十分不满，而就在这时，老对手巴斯夫和孟山都又先后拍下巨款提出收购先正达；先正达拒绝上述要约后，竟引发管理层动荡，最终以总裁 Mike Mack 辞职收场。2016 年上半年，先正达植保业务销售额同比下滑 7.7%，为 52.44 亿美元；种子业务销售额同比下滑 6.6%，为 15.44 亿美元；总销售额同比下滑 7.1%，为 70.94 亿美元。

二　曲折艰辛的收购过程

1. 曲折追求路

2015 年 5 月 8 日，先正达公司公开表示拒绝孟山都提出的现金＋股票报价，该报价约合 450 亿美元，相当于每股价格为 449 瑞士法郎。当天，中国化工的董事长任建新就联系了先正达公司的 CEO，表达了收购意向。两天之后，先正达公司的 CEO 也同样拒绝了中国化工。2015 年 6 月 1 日，任建新第二次联系先正达公司的 CEO 进行非正式报价，表示将用接近孟山都现金＋股票报价价值的全现金来收购先正达公司。6 月 4 日，先正达再次通知中国化工，表示无意出售，而且无意与中国化工做交易。6 月 6 日，孟山都第二次向先正达公司提出收购建议，在上次报价的基础上增加了 20 亿美元的反向分手费，即在合并交易时若因为竞争事务监管机构否决而无法完成的情况下向先正达支付 20 亿美元补偿。不过先正达再次拒绝了孟山都。当天，中国化工董事长任建新通过中间人再次传话给先正达公司的 CEO，继续表示愿意和先正达公司做战略性交易。

事情开始出现转机。2015 年 6 月 25 日，先正达公司的 CEO 邀请中国化工董事长任建新于 7 月 7 日到瑞士苏黎世会面。在 7 月 7 日的会面中，中国化工再次提出了全现金收购的提议，但该报价比孟山都现金 + 股票的报价有一定的折让。

面对多轮报价，在 7 月 20 ~ 21 日的先正达董事会上，董事会成员和其财务顾问高盛、J. P. 摩根讨论了公司的前景、行业的发展、行业整合的现状以及股东的情绪等诸多议题，决定应当寻求包括和中国化工交易在内的多种选项。

7 月 26 日，任建新再次联系先正达公司董事长，继续表示交易意愿，并做出保持先正达核心价值和身份的承诺。随后，中国化工在 8 月 10 日发出正式的意向报价，提出两个选项：第一是以每股现金 449 瑞士法郎收购先正达 66.7% 的股权，保持先正达公司的上市地位，交易完成三年后其他股东有卖权；第二是以每股 449 瑞士法郎现金报价收购先正达 100% 的股权，同时阐述了该交易能给先正达公司带来的好处。

与此同时，孟山都于 8 月 18 日提供新一轮报价，将对先正达公司每股报价提升至 245 瑞士法郎现金 + 合并后公司 2.229 股，并承诺反向分手费为 30 亿美元，修改后的报价估值为每股 451.83 瑞士法郎，合计价格约 470 亿美元。

考虑到监管风险，以及可能的种子业务的剥离和税务倒置等问题，先正达公司董事会认为在进一步与孟山都澄清之前，将不会寻求与孟山都之间的交易；而对于中国化工的报价，先正达公司董事会决定拒绝。

之后中国化工又发动了多次谈判并进行了不懈努力，都被先正达拒绝了。12 月 11 日，中国化工提升价格，将两个选项变为：第一，现金购买先正达 66.7% 的股份，维持先正达公司上市地位，每股报价 465 瑞士法郎；第二，以每股 460 瑞士法郎全现金收购先正达 100% 的股份。这一次终于有了回应，先正达次日表示愿意在每股 475 瑞士法郎的价格下，让中国化工进行尽职调查，并展开交易细节谈判。

经过艰苦谈判，中国化工和先正达就交易文件达成一致。终于，在2016 年 2 月 3 日，中国化工和先正达宣布：中国化工将以 430 亿美元的全现金报价，收购先正达公司 100% 的股份。

迄今为止，100 亿美元以上的跨境并购交易，中国企业只完成过两单。一单是中铝以 140 亿美元入股力拓；另一单是中海油以 151 亿美元并购尼克森公司。如果中国化工这笔 430 亿美元并购先正达公司的交易能够完成，则是中国企业第三单超过 100 亿美元的巨型交易，同时也将成为中国企业最大的海外收购案，大幅度扩大了中国企业从事海外并购交易的规模和体量。

中国化工和先正达公司将这笔交易描述为一个为了世界粮食安全的交易：中国和其他发展中国家市场 + 先正达行业领先的研发生产 + 中国企业 + 全球食品安全。

2. 交易条款详解

中国化工和先正达公司达成的主要交易条款，既符合市场惯例，也带有中国企业风险控制的特点。

（1）报价：每股 465 美元 + 交割时给股东每股 5 瑞士法郎特别分红。而在 2016 年 4 月 26 日拟召开的年度股东会议上的每股 11 瑞士法郎的分红将不会影响价格，报价不调整。

（2）方式：要约收购。如果先正达公司有 90% 的股东接受，则直接走"Squeeze out"的程序；当然，这个并购交易最少需要 2/3 以上股东接受（这也是交易的先决条件之一），然后进行后续的 Merger 程序，不然收不到100% 的股权。

（3）时间：瑞士和美国市场上的要约收购在 3 月 23 日启动，将根据交易先决条件的满足情况对要约有效期的时间表进行调整。交易双方对交易完成时间的统一口径是在 2016 年底完成交易，但将交易最终完成日约定为 2017 年 6 月 30 日。

（4）政府审批和重大不利变化：相关国家的反垄断审批和外商投资审批是本次交易的重要看点。针对反垄断审批，如果相关政府机构审批所附条件给先正达公司或其子公司、中国化工或其子公司带来一年26.8亿美元或以上销售额的减少，则中国化工有权退出交易；对美国外资投资委员会（CFIUS）或其他外国政府投资审批机构来说，如果相关政府机构审批所附条件给先正达公司或其子公司、中国化工或其子公司带来15.4亿美元或以上销售额的减少，则中国化工有权退出交易。针对重大不利变化，如果先正达公司在要约收购期间遭受13.4亿美元或以上损失（排除常见的宏观经济和行业事件的影响），则视为重大不利事件发生，中国化工有权退出交易。

中国化工在要约中，通过要约条件以定量的方式将交易的政府审批风险牢牢地掌握在了自己手中。这种方式，不仅符合市场惯例，还加入了特有的中国企业试图定量风险的风控方式。

（5）分手费安排：中国化工承担中国政府审批风险和反垄断审批风险，在中国政府审批和反垄断审批未能通过时，中国化工将向先正达支付30亿美元反向分手费。中国化工将不承担美国外资投资委员会审批风险和/或其他外国政府投资审查审批风险，在未能获得CFIUS和/或其他外国政府的投资审批时，中国化工无须向先正达公司支付反向分手费。

而另外，在先正达与更高报价的第三方达成交易等情况下支付的分手费原定为15亿美元，在瑞士监管机构要求中国化工降低分手费数额后，中国化工同意将数额减少到8.48亿美元。欧洲的证券监管机构对卖方支付分手费尤其敏感，生怕过高的分手费会阻碍更高报价第三方的出现。

可以看出，此交易中占交易价金约1.9%的分手费，处于行业市场惯例的低端；而占交易价金6.9%的反向分手费，属于行业市场惯例区间的中高位。

（6）交易框架

如图16-1，交易框架最下端的是发出要约收购的要约方——设立在荷兰的中农化土星公司；最上端的便是此次要约收购的实际发起人——中国化工集团公司。中国化工在中国香港设立了四层控股公司，方便充分运用杠杆。另外还有中国公司经常选择的卢森堡中间层公司，因为卢森堡是签署双边税收协议最多的国家之一，所以设立中间层级的公司将降低税收成本。

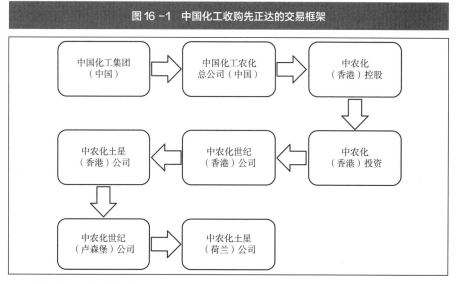

图16 -1　中国化工收购先正达的交易框架

资料来源：笔者根据资料整理。

（7）交易后的公司治理和承诺

交易完成后的公司治理：先正达现有管理层将继续管理公司，交割后，董事会由10人组成，中国化工董事长任建新将担任先正达董事长，先正达公司董事长将担任副董事长及牵头独立董事，现有先正达董事会成员中的4人将进入董事会并担任独立董事（包括副董事长），现任CEO将继续担任CEO。

交易承诺：先正达总部仍然留在瑞士，先正达的雇员将得到保留，先正达的发展计划、资产组合和地域存在均将得到保留，先正达将保持国际最高水准的公司治理，中国化工将在交易完成后择机重新上市。

3. 漫漫交割路

对先正达的收购不同于绝大多数的中资企业海外收购，中国化工收购的不是某个细分行业的龙头，而是整个农化行业的领军企业，是所谓的 National Champion（国家冠军）企业。交易不仅涉及金额巨大，而且意义非凡。也正因如此，中国化工距离成功收购先正达还有着很长的路要走。

此前最大的风险是美国外资投资委员会的审查，不过，2016 年 8 月 22 日，中国化工宣布已经取得了 CFIUS 的审查批准，中国企业历史上最巨型的交易看起来离成功交割又近了一步。

交易完成还需要其他先决条件。首先是全球各主要法域的反垄断监管审批，比如欧盟、美国、中国等国家或地区的反垄断审批尚未取得。考虑到先正达公司和中国化工各自的体量，反垄断审批看上去可能只是个时间问题，需要和监管机构达成剥离部分资产的协议以打消监管机构的疑虑。中国化工已于同年 9 月 23 日向欧盟委员会提交文件配合反垄断审查，预计 10 月 28 日即有结果。

其次是要约需要获得先正达股东 66% 以上的支持率。这在中国化工报价溢价较高的情况下不难实现。

再次，由于涉及转基因身份问题，中国化工还要面临一些舆论的压力。此前，原化工部部长秦仲达等 400 多人向商务部等多个部委发出联名信，要求抵制该项并购，表示中国应该反对转基因产品的推广和高危害农药化学品的应用。瑞士 NGO（非政府组织）团体也加入了这场反对中国化工并购先正达交易的阵营。

最后，还有一个很重要的因素是这场全现金收购交易中巨额现金的筹集。近年来中国化工频频实施大规模海外并购，这让中国化工的现金流捉襟见肘。此次中国化工收购先正达的 430 亿美元将主要通过出售优先股和银行贷款等方式进行。中国化工正计划出售旗下一个部门价值 100 亿美元的优先股，通过股权筹集的资金总额最终将会达到 250 亿美元，而剩余所需资金则将通过贷款获得。国内由中信银行牵头进行的 127 亿美元的全球分销，于同年 6 月完成，共有 7 家中外资银行与中信银行及信银国际组成牵头行及簿记行集团，且完成进度超过预期进度的20%。

可以看出，中国化工收购先正达这笔交易，无论是前期对先正达不懈的追求以及与孟山都的竞争，还是后期漫漫的交割之路，都面临非常多的挑战。胜利在望，这场交易也终会被载入中国跨境并购史册。

三　交易达成的原因和意义

1. 交易达成的原因

中国化工打败了孟山都，成功牵手先正达得益于三方面因素。

首先，中国化工能够为先正达打开进入中国乃至亚洲市场的方便大门，帮助其以更低的成本进入亚洲市场。迫于全球农业市场的低迷，包括先正达、孟山都、杜邦等世界农化巨头都在寻求通过合并实现自救。目前先正达主要的市场位于欧洲、美洲、非洲和中东，唯独在亚太地区的表现不尽如人意。中国的种子和农药市场规模达到106亿美元，但先正达在中国的市场份额仅为3%～4%。先正达CEO曾表示，如果并入中国化工旗下，未来能够拓展巨大的市场，加快企业增长。中国作为全球农化需求量最大的国家，对先正达而言是一个巨大的机遇，而中国化工则可成为先正达立足中国市场、最终进军全亚太市场的最佳合作伙伴。

其次，中国化工现有的业务版图与先正达不构成竞争关系，反而能成为先正达的有益补充，这和先正达与孟山都之间较强的竞争关系相比，也是交易达成的一大原因。

最后，中国化工海外并购后整合友好。中国化工承诺将保留先正达的一切，包括公司名字、公司总部地址、公司管理层、公司员工，不改变先正达现有的运营系统，只添加董事会席位。这项交易对先正达而言意味着把运营中断和执行风险降到了最低水平。而且中国化工要学习先正达先进的技术和管理体系，使两家公司的协同效应发挥到极致。这种模式是中国化工收购海外企业的一贯做法，其也正因此获得了巨大成功，这种以尊重为基础的整合模式得到了先正达董事会的认可和信任。

2. 中国化工收购先正达的意义

中国化工收购先正达可能成为"全球并购、中国整合"的里程碑。对中国化工以及其他中国企业都有着重大的意义。

（1）中国资本力量展示

单一并购标的达到 450 亿美元，意味着中国资本已经进入全球主流并购交易市场。而中国化工一系列海外并购，一方面展示了国企背景的雄厚实力，另一方面其丰富的国际并购整合经验，也预示着真正代表中国力量的国际资本战略拉开了帷幕。

（2）提升国家粮食安全的保障水平

先正达旗下的转基因种子数量目前在全球首屈一指（包括其自身特有遗传资源的 6800 种），这笔并购交易会把中国化工变成转基因种子的主要开发者，能够与美国农业巨头孟山都和杜邦分庭抗礼。通过收购先正达获得的种子技术，中国化工也将进一步提升中国粮食安全的保障能力。

中国化工收购先正达已经超越了公司间的并购，中国目前的耕地只有约 10% 是有效率的，而中国化工承载着中国的希望去寻求确保中国未来粮食补给的机遇，对先正达的收购将使中国获得世界领先的农化及种子技术，提升中国粮食安全的保障水平，同时还获得了相关产品的全球市场，尤其是西方发达国家的市场份额。这是一宗不仅符合公司利益，更符合国家利益的并购交易。

农业、化工和种业产业是非常成熟的传统产业，全球范围早已完成整合，对此中国没有任何技术与产业优势。而中国化工并购先正达，可获得国际一流的农化、种子研发技术，品牌及渠道资源，并且能够显著提高农业科技水平，同时可以改写中国在这个关系国计民生领域的话语权和竞争态势。

（3）中国化工通过收购掌握上游专利

中国化工主业为化工新材料及特种化学品、基础化学品、石油加工及炼化产品、农用化学品、橡胶制品、化工装备6个业务板块，目前已经成为世界最大的非专利农药生产商。

转基因种子研究技术专利大部分在跨国农资公司手里，中国化工收购先正达不仅是在购买企业，更重要的是通过收购掌握了产业的上游专利。

四　中国化工的海外并购路径

短短10多年时间，中国化工迅速发展成为一家在化工新材料及特种化学品、化工装备等多领域处于世界领先地位的财富500强企业。中国化工成长的秘诀之一，就是利用海外并购机遇抢占技术优势。

2004年5月，中国化工在完成旗下所有公司的整合后，正式以集团形式成立。此后，在董事长任建新的带领下，制定了以海外收购为主的国际化经营战略。

自2005年10月以约1.5亿美元的价格收购澳大利亚最大的塑料生产商Qenos以来，中国化工踏上了全球并购整合的征程。

2006年1月17日，中国化工旗下企业中国蓝星（集团）总公司成功收购全球第二大蛋氨酸生产企业——法国安迪苏公司100%的股权，成为迄今中资在法国工业领域的最大并购案。

2006年4月3日，中国化工收购澳大利亚最大的乙烯生产商和唯一的聚乙烯生产商——凯诺斯公司100%的股权。通过这次并购，中国化工以最短的时间、较低的成本获得了国外乙烯及相关资源，为发展化工新材料奠定了原料基础。

2006 年 10 月 26 日，中国化工旗下企业中国蓝星（集团）全资收购法国罗地亚集团有机硅及硫化物业务项目。凭借此次收购，蓝星集团将有机硅单体的生产能力提升至每年 42 万吨，跃升为世界第三大有机硅单体制造商。

2011 年 4 月 14 日，中国化工旗下企业中国蓝星（集团）股份有限公司对挪威埃肯（Elkem）公司的收购完成交割，进一步完善了蓝星集团硅产业链并拥有了世界先进的冶金法太阳能级多晶硅技术。

2011 年 10 月 17 日，中国化工全资子公司中国化工农化总公司成功收购全球第七大农药生产商——ADAMA 60% 的股权，一跃成为世界第六大农药生产和经销商。

2014 年 11 月，中国化工旗下中国蓝星（集团）股份有限公司以 43.4 亿挪威克朗（约 6.4 亿美元）的价格收购欧洲最大太阳能面板企业 REC 太阳能。

2015 年 3 月，中国化工以 71 亿欧元收购意大利轮胎制造商倍耐力（Pirelli）股权。中国化工旗下的中国化工橡胶有限公司首先收购意大利 Camfin 持有的倍耐力 26.2% 的股份，之后对剩余股份发起强制收购。

2016 年 1 月，中国化工联合汉德资本（AGIC）、国新国际以 9.25 亿欧元（约 66.3 亿元人民币）收购加拿大 Onex 基金拥有的德国橡塑化机制造商克劳斯玛菲集团 100% 的股权，这是迄今中国在德国最大的一笔投资。

2016 年 2 月，中国化工宣布以 430 亿美元收购瑞士农化和种子公司先正达（Syngenta）。

在进军海外的战场上，中国化工无疑是一个成功的典范。通过国际并购，中国化工获得了具有全球竞争力的产业、国际知名品牌以及全球营销网络，特别是获得了具有自主知识产权的专利技术，解决了蛋氨酸、有机硅深加工等核心技术。

中国化工在当前化工行业全球产能过剩、产业格局持续改变和产品结构不断调整的背景下，在把握有利时机、"借船出海"提高品牌知名度、增加企业盈利能力等方面，为国内企业提供了可借鉴的思路。

五 案例启示

1. 明晰的战略定位

中国化工以"老化工，新材料"作为战略定位，将"化工新材料"作为主营业务，强调在关键技术领域和化工新材料行业体现控制力（拥有自主知识产权，掌握关键核心技术）、影响力（在若干细分市场占据主导地位）和带动力（带动下游产业及中国整个化学工业）。此外，这种战略目标重视并购重组与改造的战略功能，拥有"适当向上下游延伸"的战略弹性。

首先，目标公司的主要业务要符合并购方的战略定位，被并购企业的业务属于中国化工"化工新材料"的业务范围。其次，目标公司的核心技术是中国企业尚未掌握的。最后，目标公司的主要产品在中国市场有发展前景。

2. 精心设计并购方案与过程

中国化工在并购先正达这场持久战中逐步取得成功，说明中国化工的准备非常充分，除精心设计并购方案外，还能够在并购过程中不断进行调整，同时坚持不懈，通过一轮又一轮的谈判与磨合，最终获得"国家冠军"企业的青睐。在这个过程中，双方高层人员的频繁接触，不仅增进了彼此的了解和认同，而且可以直接获得对方及时、准确的信息，无疑为日后的交易达成奠定了良好的心理基础。

另外，在后续的交割过程中，中国化工良好地应对了来自各方的挑战与压力，这都需要前期大量的铺垫和积累。

3. 并购后融合很重要

（1）控股目标公司，紧握战略决策权

中资公司在海外战略型并购中对控股的要求几乎已是必需的了。但若要控股海外公司，尤其是控股那些处于市场领先地位的大型公司是有相当难度的。目标公司往往担心被收购后其核心技术被占有，其业务和管理模式解体，渐渐名存实亡。在这个问题上，任建新既秉持他"学习、尊重（收购）企业所在国的文化是企业文化融合的关键"的信条、保留目标公司原有的运营体系，又通过控股的手段牢牢把握目标公司的战略发展方向，这种包容与铁腕共存的管理方式，使中国化工与海外企业高效整合，迅速达到了 1 + 1 > 2 的效果。

（2）互派高层管理人员突破跨国并购管理整合的传统模式

在传统的并购整合模式中，并购方一旦取得100%的公司股权和业务控制权，常常会派出较多的管理人员担任高级管理职务，而原高层人员则纷纷离职。中国化工突破了这种模式，只委派少量管理人员进入目标公司，并主要担任副职，原高层人员位置基本不变，有些人员的职位还得以提升（例如进入董事会）。

（3）文化融合、保持谦和

中国化工多年来的国际战略一直以尊重他国文化为基础，强调在国际化经营的过程中一定要谦虚，去收购，而不是去征服，不能以一种占领军的心态实施收购和管理。任建新曾在一篇内部讲话中，阐述"和"的经营之道："和而不同"，就是要把中国传统的"和"的文化与我们的经营之道结合起来，"和"，对内而言是求同存异的融合，是取长补短的学习，是风雨同舟患难与共，家和万事兴，对外而言是和气生财取之有道，是关注健康与环境的天人合一，是构建和谐企业，为而不争，利而不害，勇于担负社会责任；"不同"，就是走通过引进消化吸收再创新发展化工新材料的差异化道路。

中国化工的文化融合并不限于并购之后，而是贯穿于并购交易的全过程。这种交易前的文化融合是战略准备的主要内容之一，主要体现在双方核心人物的交流、沟通和相互认同上。并购不能有占领军的心态，而要站在被并购企业管理人员和职工的角度来考虑问题、安排工作，让他们感到自身受到尊重，相互之间是平等的，从而产生理解和尊重。因此，并购后企业的运行能够保持人员稳定、业务稳定。

4. 全面充分的战略准备和经验积累

任建新早在中国化工集团成立之前的蓝星时代，就已经在组织架构上成立了国际部、海外办事机构及一些海外合资公司，网罗了一大批国际化人才，对海外市场进行调查研究，配合自身拥有的科研院所一同分析最前沿的技术发展情况，挖掘潜在的合作伙伴。中国化工的跨国并购都是在充分的战略准备基础上进行的，主要体现在以下几个层面。

（1）整体规模和实力层面的战略起点准备

在蓝星集团时代，任建新就开始了跨国并购的战略思考，以收购重组国内化工企业为主要任务，先把企业规模做大，同时积极推动中国化工集团的组建。中国化工集团成立时，总资产和销售收入近300亿元，多项产品居于中国市场第一位和亚洲市场前列。这就是任建新为2005~2006年启动跨国并购战略做好的规模和实力的准备。

（2）组织机构设置层面的战略人才准备

任建新在担任蓝星集团总经理时就成立了国际部、海外办事机构，专门负责海外市场和企业的调查研究工作，汇集了一批从事国际化经营的优秀人才，后来大多数都成为中国化工开展国际业务的骨干力量。

（3）关于全球化学工业动态的战略情报准备

中国化工是在原化工部直属企业的基础上组建的，企业领导人员和专业技术人员对国内外化工行业的总体情况有较全面、深入的了解和把握，同时，还拥有专门的化工行业经济技术研究咨询机构。中国化工信息中心是中国化工所属专业公司之一，是中国化工行业规模最大、最有实力的战略/竞争情报研究机构。中国化工拥有的 24 家科研院所，大多在各自技术领域中掌握着最前沿的技术情报。因此，能够为中国化工的跨国并购提供强大的情报服务和研究支持，尤其是在并购标的选择的前期阶段。

（4）积累经验和能力

中国化工通过早期国际化经营的历练和大规模的国内并购重组活动积累了国家化并购的经验，同时聘请世界一流的专业服务机构和专家来解决问题，他们带来的跨国并购的专业能力和经验，与中国化工并购团队紧密合作，在互补基础上形成的整体能力成为跨国并购成功的关键。

案例十七
海尔收购通用电气家电

2016 年 6 月 7 日，由海尔集团控股 41% 的青岛海尔股份有限公司和通用电气正式宣布，青岛海尔整合通用电气家电公司的交易正式完成交割。海尔将通用家电收入囊中，在全球化进程中又迈出重要的一步。

一　海尔的全球化战略

海尔集团是业内唯一的千亿级企业。2015 年海尔集团全球营业额实现 1887 亿元，近十年营业收入复合增长率达 6%，实现利润预计为 180 亿元，同比增长 20%。从 2007 年开始，海尔连续九年利润复合增长率在 30% 以上，是营业收入复合增长率的 5 倍，远远高于整体市场平均增速，堪称家电全球化的成功典范。

2005 年底，海尔在总裁张瑞敏制定的名牌化战略带领下进入第四个战略阶段——全球化品牌战略阶段。海尔采用"走出去、走进去、走上去"的"三步走"战略，即先以"缝隙产品"进入欧、美、日等传统家电强国，并带动发展中国家市场的快速布局，再通过满足当地用户主流需求的本土化产品进入当地市场的主流渠道，并最终实现中高端创新产品的市场引领。目前，海尔产品已销往海外 100 多个国家和地区，成功进入欧、美前十大家电连锁渠道，平均每分钟就有 125 位海外消费者成为海尔用户。与此同时，海尔海外本土化水平已达到行业领先地位，海外生产、海外销售的占比已接近海外终端销售额的 50%，冰箱产品的海外本土化水平更是达到了 70%。

不同于其他中国企业走出国门时追求短期创汇、做国际代工工厂的发展模式，海尔海外市场发展伊始，即明确提出"创牌"战略，以自有品牌出口，对海外用户在产品质量、技术标准、售后服务等多个角度都做出最高标准的承诺。据统计，中国家电产量在全球占比为 49.1%，而中国自主家电品牌出口量在海外占比却仅有 2.89%，而这当中的 86.5% 都来自海尔。2014 年底，全球消费市场权威调查机构欧睿国际发布：海尔品牌全球零售量份额为 10.2%，连续六年蝉联全球白色家电第一品牌。

为深入执行国际化战略，海尔在不少国家实行本土化战略，包括直接在海外建立生产基地、设计中心、贸易公司以及研发中心等，形成设计、生产、销售三位一体的经营组合，从而更好地了解市场并做出反应。在欧洲，海尔深入洞察欧洲用户需求，设计研发了意式三门冰箱、一米宽法式对开门冰箱等一系列高端家电产品；推出了符合欧洲人身材高大特点的 1200 毫米复式滚筒洗衣机；在注重视觉感受的法国，海尔酒柜力邀国际著名设计师进行产品设计，使酒柜更具时尚的外观；等等。在美国，海尔在洛杉矶拥有"海尔设计中心"，在纽约拥有"海尔美国贸易公司"，在南卡罗莱纳州拥有"海尔生产中心"，形成了设计、生产、销售三位一体的经营格局；针对美国用户偏爱窗式空调却深受噪声困扰的痛点，海尔研发出世界上最静音空调，深受当地用户喜爱。通过因地制宜的解决方案，海尔为全球用户提供智慧生活解决方案。在销售方面，海尔大型家用电器的品牌零售量已占全球的 9.8%，连续七年蝉联全球第一，平均每分钟就有 125 位海外消费者成为海尔的用户。同时，海尔的产品溢价力也在不断提升。在欧洲市场，十年前海尔冰箱售价 99 欧元，而现在，海尔冰箱已经成为商场的最高价格——2999 欧元；在印度市场，海尔在中高端洗衣机销量中的占比从原来的 5% 提升到 20%；而在日本市场，海尔冰箱的主打产品单台售价已经提升至 1300 美元。

海尔集团不仅依靠品牌自身力量逐年开拓海外市场的销售网络、研发和制造基地，更通过差异化的国际并购，实现了海外资源的快速扩展和整合。2011 年 10 月，海尔以约 100 亿日元的价格，收购三洋电机在日本和东南亚部分地区的白色家电业务，这一次具有里程碑意义的多国并购不仅进一步完善了海尔在东南亚市场的布局，更通过差异化的文化融合和机制创新模式，将海尔"创业创新"的品牌文化基因成功输送给并购企业的组织和员工，实现了 Haier 和 Aqua 双品牌在日本和东南亚市场的融合发展。最重要的是，日本三洋很快扭亏为盈，海尔因此证明了自身跨国资本并购的整合能力。此次并购因其涉及范围之广泛、内容之丰富、程序之复杂，被《中国商法》评为 2011 年五大对外并购杰出交易之一。

一年后，海尔再次成功收购新西兰国宝级家电品牌 Fisher & Paykel（斐雪派克），有力地夯实了自身在高端家电产品领域的研发、制造能力。通过协同合作的模式，斐雪派克的品牌价值增长了 20%，市场份额增长了近 50%，还为更多的员工创造了就业机会，仅研发团队就增加了近百人，增长了 38%。海尔与斐雪派克的模式，已超越了传统意义的并购，探索出双赢的新样板，也成为中国、新西兰企业合作的典范。

2016 年，海尔全球化进程又掀开了历史性的一页。6 月 7 日，海尔收购美国通用电气公司家电业务的交易完成，最终收购价 55.8 亿美元。通用家电是美国第二大白色家电企业，拥有 100 多年的历史，产品涵盖厨电产品、制冷产品、洗衣产品、洗碗机和家庭护理产品，在客户中有良好的品牌认知。根据 Stevenson 统计数据，在消费者对各家电品牌购买意向的占比调查中，通用家电占比 28.2%，是美国第二大被用户认可的家电品牌。整合后海尔全球员工达到 7.3 万人，不仅树立了中美大企业合作的新典范，而且形成大企业之间超越价格交易的新联盟模式。

目前，海尔在全球布局六大品牌：海尔、卡萨帝、日日顺、Aqua、斐雪派克、统帅，从不同领域持续满足用户的最佳体验。

如今，海尔已在海外建立起 8 个工业园，24 个制造工厂，工厂的布局已经覆盖了全球除澳洲以外四大洲的 18 个国家和地区，海外的总生产能力已经达到每年 1200 多万台。同时，海尔分别在德国、美国、日本、新西兰建立四大本土化研发中心，并在全球建立了 24 个营销中心，37683 个销售网点，共覆盖 160 多个国家和地区，为满足用户的个性化需求提供研发、制造上的支持。海尔全球化布局日益完善，已初步形成了设计、制造、营销三位一体的本土化发展模式，为其全球化品牌发展提供持续动力。

互联网时代来临，零距离、去中心化、分布式的特征颠覆了产业现实，用户需求个性化、信息碎片化，全球家电市场也进入互联网发展时代。海尔海外市场已提早布局互联网用户交互生态圈建设，充分借用互联网工具聚合用户资源，满足其线上线下、虚实融合的购买体验需求。例如，在全球知名的社交媒体 Facebook（脸书）平台上，海尔品牌已聚集了超过 380 万交互粉丝，实现互联网时代"零距离交互用户"的成功探索与实践。海尔集团在 2012 年进入第五个发展阶段——网络化战略阶段，聚焦于投资驱动平台和用户付薪平台两个平台的创建，海尔集团正在由"制造产品的加速器"转变为"孵化创客的加速器"。

二　海尔收购通用家电的动因

美国通用电气公司是美国标志性企业，在美国有百年发展历史，备受美国当地用户的认可。通用家电是全美第二大家电品牌，在美国家电市场占有率近 20%，在美国 5 个州拥有 9 家工厂，在洛杉矶、西雅图、芝加哥等多个城市拥有分销中心，覆盖全美 85% 的邮政区域，能够为客户提供准确、高效的配送服务。同时，通用家电拥有 600 多人的资深研发团队以及上千项专利，覆盖全线产品，在美国、中国、韩国和印度拥有 4 个研发中心。据统计，通用家电在美国市场占有率为 16.4%，仅次于惠而浦，而在优势业务厨电方面，更是以 23.2% 的市场占有率居第一位。通用家电拥有约 1.2 万名员工，其中约 96% 都在美国。2014 年，企业营业收入达到 59亿美元以及约 4 亿美元的息税折旧摊销前利润。

金融危机给很多欧美企业造成重创。2008 年，通用电气曾宣布，计划出售或分拆其家用电器板块，意图将经营重点转向基础设施业务领域，比如能源、医疗、家庭、交通运输、金融等，将家电等增长缓慢和不稳定的消费产品业务剥离出去。据相关媒体当时报道，出售价格在 50 亿美元至 80 亿美元。

对通用电气而言，按照前 CEO 杰克·韦尔奇的理念：如果公司业务不能在行业中数一数二，那么就果断卖掉，然后将精力集中在自己的优势行业。在美国家电市场上，惠而浦稳居第一，伊莱克斯也对第二的位置紧追不舍，所以相对落后的通用电气卖掉家电业务也是自然。更为关键的是家电行业在 2006 年前后逐渐进入了薄利时代，即使是西门子等国际大牌家电，业务利润率也仅仅在 5% 左右。这是因为家电产品之间的同质化越来越严重，竞争加剧，价格战频发，导致企业的利润空间被不断压缩。家电业务对通用电气集团的利润贡献极低，仅仅占到 2% 左右。如果想进一步扩大家电业务的利润空间，势必要扩大家电业务的生产规模。通用电气希望将资金从利润率较低的行业转向产品周期长、资金和技术壁垒相对较高、利润率较高的行业。

而对希望打开美国家电市场，特别是高端家电市场的全球大型家电企业而言，通用家电的出售是个好机会。2014 年，瑞典斯德哥尔摩的著名品牌伊莱克斯宣布收购通用家电，报价 33 亿美元。伊莱克斯当时对收购信心满满，认为通用家电拥有世界级的分销能力，有着训练有素、专业的员工团队，有着大量的知识资本，业务运行良好，并购后其美国的研发队伍规模将扩大四倍。另外，通用的财务情况良好，而家电业务是材料而非资金密集型产业，并购会产生成本协同效应。并购后，伊莱克斯与通用家电在美国和全球范围内合计持有的份额将接近惠而浦，全球销售额将达到 230 亿~240 亿美元。但也正是因为这一点，美国司法部介入，在历经一年多的调查后，于 2015 年 12 月叫停了这项交易，认为两者合并后，美国家电市场只剩惠而浦与伊莱克斯双雄，寡头垄断地位可能会造成作为数百万美国人生活必需品的家电价格的上涨。

而金融危机之后，美国经济开始了缓慢的复苏，虽不尽良好，但在全球经济长期低迷的环境中也属难能可贵。美国消费的回暖，使美国重新成为是家电类消费品重要、优质的市场。海尔集团将投资并壮大美国业务视为海尔策略的核心组成部分。通用家电是现金流比较好、可持续成长及盈利的良好标的。通用家电不仅拥有品牌价值及优秀的管理团队，拥有北美市场强大的渠道优势和成熟的质量控制体系，而且2012年以来通用集团对通用家电进行了10亿多美元的投入，包括领先产品的研发、生产设备的改造，其研发团队和现代化工厂符合海尔期望在美国市场推动的智慧家庭业务。

伊莱克斯"折戟"之后，通用家电重新挂牌出售，众多潜在买家都纷纷伸出橄榄枝，包括三星、LG等国际知名企业，以及中国的竞争者海尔和美的。追求阵容的强大，显示出通用家电资产的重大战略意义：在诸强实力均衡的全球家电市场，谁能吞下通用家电，谁就能获得一个完整的领先身位。

在经济全球化时代，品牌已经成为全球经济和科技竞争的制高点，是企业乃至国家核心竞争力的重要标志。品牌缺失是我国产业当前"大而不强"的突出软肋。在国际市场上，"中国制造"向来给人一种廉价劣质的印象，究其原因，是中国制造在国际市场上没能建立起自身良好的品牌形象，缺乏专利和核心技术。海尔1999年就在美国设立了工厂，将国内运来的配件在美国组装，产品销往当地，亏损了八九年才开始盈利，主要收入在国内，国际化进程举步维艰，在美国辛苦耕耘17载，但品牌认知度并不算高，市场占有率仅仅只有1.1%。2014年，海尔在美国的营业收入约为5亿美元，不到通用家电同年59亿美元营收的1/10。而且，海尔在美国市场的定价低于其他品牌的同类产品，多靠价格优势获得市场占有率。在欧美市场，通用、惠而浦、博世等家电品牌长期占据中高端市场，这恰是中国企业最难攻下的领地。而海尔想要打开走向国际化中高端市场的大门，最好的办法就是并购欧美高端品牌。因此海尔希望通过收购通用家电，直接获得其高达16%的市场份额，推进海尔的国际化进程。并购成功意味着拥有通用家电的研发、渠道、产品、品牌，更重要的是拥有了大量高端市场的用户，利用通用家电的品牌形象，打开中高端家电市场，形成品牌溢价。这对极力拓展国际化的海尔而言，尤为重要，甚至比联想收购 IBM 的意义还要大，能全面加速海尔的国际化进程。

三 海尔收购通用家电的过程

2016 年 6 月 7 日，由海尔集团控股41% 的青岛海尔股份有限公司和通用电气正式宣布，双方已就青岛海尔整合通用电气家电公司的交易签署了所需的交易交割文件，这标志着通用电气家电正式成为青岛海尔的一员。

从收购消息披露，到正式完成交割，历时将近 5 个月，海尔按部就班地将通用家电收入囊中。

2016 年 1 月 15 日，青岛海尔与通用在美国签署了《股权与资产购买协议》，当时海尔拟以 54 亿美元收购通用及其子公司所持有的家电业务资产。这其中包括电器和相关产品开发、设计、制造、仓储、采购、营销、服务、售后以及其他合同，也就是说包括通用家电全部的研发制造能力、其在美国的 9 家工厂以及遍布全球的渠道和售后网络。对比通用家电的账面净资产，如 2015 年三季度末的 18.92 亿美元（未经审计），增值率达 185.4%。

这份协议有两个需要关注的要点。其一，团队保留，独立运营。海尔方面表示，通用家电的总部仍将保留在美国肯塔基州的路易斯维尔，且会在现有高级管理团队的引领下，开展日常工作，独立运营。由通用电气家电和海尔的高管团队及两位独立董事组成的公司董事会，将会指导公司的战略方向和业务运营。其二，双品牌运作。未来在美国市场，海尔将实行 Haier、GE 两个品牌的相对独立运作。品牌是海尔收购通用家电获得的重要成果，通过收购案，海尔将获得通用家电未来 40 年的全球品牌使用权。

也就是说，在青岛海尔的控股下，通用电气家电将继续使用通用电气旗下的品牌组合向市场销售产品，使用期限包括初始免费的 20 年和两个为期 10 年的待协商延长使用期。

同时，海尔集团与通用电气在美国签署了合作谅解备忘录，双方将在全球范围内合作，共同在工业互联网、医疗、先进制造领域提升双方企业的竞争力。

经过了青岛海尔股东大会的审议、国家相关部门的备案以及美国、墨西哥、加拿大、哥伦比亚等国的反垄断审核等，最终 6 月 6 日，海尔就整合通用电气家电业务的交易签署了所需的交易交割文件，支付总额约为 55.8 亿美元，全部价款已向通用及相关主体支付完毕。通用家电正式更名为"GE APPLIANCES a Haier company"。

交易通过自有资金和并购贷款的方式完成，其中自有资金约 40%，并购贷款的金额约为交易对价的 60%，由国家开发银行提供 33 亿美元并购贷款，并于 6 月 3 日汇入海尔美国公司的指定银行托管账户。其余 22.8 亿美元为海尔的自有资金。

值得注意的是，这一价格比之前公布的价格多出了 1.8 亿美元。青岛海尔 6 月 7 日发布的公告显示，55.8 亿美元的价格是按照《股权与资产购买协议》在基础交易对价 54 亿美元的基础上进行调整后的金额，主要调整事项包括营运资本调整、小天鹅股权调整、交易税费等。

而对比 2014 年伊莱克斯收购通用家电的 33 亿美元，青岛海尔支付的 55.8 亿美元高出 69%。青岛海尔给出了主客观解释。从客观上来讲：第一，估值基期差异，伊莱克斯估值基期为 2014 年业绩，而此次收购估值基期为 2015 年业绩；第二，标的资产业绩保持快速增长，受美国整体经济向好以及公司业务提升的双重带动，通用家电 2015 年息税折旧摊销前利润（EBITDA）为 5.52 亿美元，较 2014 年实际增长 36%，保持了良好的增长势头，且较伊莱克斯收购时有了大幅提升；第三，税收收益影响，此次标的包括资产和股权，以非股权资产为主，其资产规模及产生的营业收入占比高，因资产折旧产生的摊销将带来一定的税务好处，如果扣除税收收益影响，交易对价约为 44 亿元，对应约 8 倍 EBITDA，与伊莱克斯以及其他国际家电行业收购交易估值水平基本持平甚至更低。

从主观上来讲，海尔和通用家电可以形成协同效应，双方在市场、研发与技术、品牌、供应链等方面高度互补，在美国市场整合相关资源，逐步获得 1 + 1 > 2 的协同价值，随着时间推移，海尔还可能会创造采购与转移成本的协同效应。最重要的是，美国是全球第一大中高端市场，海尔收购通用家电，可以进入美国中高端市场，同时还能打开欧洲市场，可以说是海尔国际化进程的里程碑事件，也是中国家电进军国际发展史上的重大事件。这是中国家电业最大的一笔海外并购案。

不过，收购之后，青岛海尔负债率提高，将迎来一段困难的恢复期。一方面是 33 亿美元的国家开发银行的美元贷款带来的债务压力，尽管利率只有约 3%，但青岛海尔每年将新增 1 亿美元的利息支出，还不得不面对潜在的人民币贬值的风险。另一方面，在三大白色家电上市公司中，青岛海尔的现金储备最少，仅有 254 亿元（折合 38 亿美元），同时还有 30 亿元的有息负债。收购通用家电现金支出 22.8 亿美元将用掉其大部分的积蓄，也会因此背上更多负债，负债率明显提高。而负债大幅增加后，运营的压力随之增加，将不得不承受短期的盈利下降。

四　并购成功的原因

在众多追求者中，通用家电选中海尔不仅因为其有能力支付高昂的价格，还有两项更重要的原因。一是海尔拥有多次整合外资品牌的经验，过去在整合收购品牌时的独特模式以及融合文化赢得了通用的尊重。二是双方在工业互联网、智能制造等方面探索的想法接近，反映了双方对互联网带来的机遇的共同认知。

海尔具有优秀的整合能力。收购通用家电是继 2011 年收购三洋、2012 年收购斐雪派克之后的又一次大手笔。2011 年 8 月，海尔与松下电器旗下三洋签署备忘录，意向收购三洋在日本、印度尼西亚、马来西亚等地的洗衣机、冰箱和其他家用电器业务。这次整合颇具成效，2012 年海尔在日销售额年度增长约 4.5 倍，达 483 亿日元，其中收购松下旗下的三洋 AQUA 品牌销售额 348 亿日元，占比达到七成。2012 年，海尔整合新西兰家电品牌斐雪派克，在公司内实行决策权、用人权、分配权的三权让渡的治理机制，5/7 的董事会席位和全部管理层都是本地高管。过去三年，斐雪派克加速拓展全球市场，年复合增长率达到 74%。根据以往的整合经验，海尔将给予通用家电高度自治权和独立发展的空间，例如保留通用家电美国总部、设立独立市场和产品团队，让其继续独立运营。海尔将在通用家电设立独立的董事会进行监督和指导。而且，海尔的全球资源，也有利于通用家电业务在全球的进一步发展。

五 案例启示

1. 思路全球化，行动本土化

海尔冰箱已经成为世界冰箱行业中销量排名第一的品牌，海尔集团已经成长为世界第四大白色家电制造商。海尔已经进入全球 100 多个国家和地区的市场，并在美国、意大利、巴基斯坦、约旦等国家建立了 30 个制造基地，创造了逾千亿人民币的年收入，同时将自身打造成为国际品牌并晋级全球 500 强，形成了全球化的网络。

海尔之所以能获得全球用户的广泛认可，重要原因是海尔的本土化优势。欧盟曾指出，全球化的下一个阶段是洲际化，洲际化不是单纯地把全球市场再次割裂成一个个小的区域市场，而是指企业能够实现本土化研发、本土化设计和本土化生产，这一点在互联网时代表现得尤为突出。只有有了自己的品牌，才能实现与用户的交互，也才能满足用户需求。海尔深谙此道。通过其遍布全球的研发和制造基地，以本土化策略满足全球不同地区用户的个性化需求，海尔成为被当地人喜爱的世界品牌。三位一体运营模式为海尔分化了汇率风险、降低了供应链成本，使海尔阶段性地完成了海外布局，并实现了稳步、快速发展，为成为海外市场本土化的知名国际品牌奠定了基础。

以欧洲为例，海尔欧洲总部设在法国巴黎，制造中心和支持性部门设在意大利，研发和设计中心分布在德国、法国和意大利3个国家。海尔的产品已经销往欧洲30多个国家，在 KESA、Media Market、家乐福、Expert等主流渠道和欧洲其他零售店销售。

互联网时代，用户需求成为推动品牌发展的第一动力，海尔紧紧把住这一脉搏。通过搭建用户交互平台，海尔实现与全球用户的零距离对话，满足不同区域用户的个性化需求。海尔还积极借势新媒体，通过 Facebook、Youtube、Twitter、Google + 等社交媒体平台，邀请用户参与到产品的设计、研发等全流程中，让用户成为产品的创造者、使用者和宣传大使。

2. 海尔的"人单合一双赢"模式

"人"即员工，"单"是用户需求，而不是狭义的订单。"人单合一"即让员工与用户融为一体。而"双赢"则体现为员工在为用户创造价值的过程中实现自身价值。

海尔在海外的并购过程中，十分注重与当地文化的融合，最终形成海尔"人单合一双赢"模式的"走出去"。例如，在海外，海尔以国家为单位将海外公司划分为小微企业，自负盈亏，逐步向"人单合一双赢"模式追求的按单聚散、用户付薪过渡。另外，在跨境贸易中，海尔的跨境电商平台锁定集团互联网转型的目标，不惜将盈利能力尚佳的小家电等业务统统砍掉，聚精会神围绕搭建帮助中小企业发展的共创共赢平台进行探索。海尔收购日本三洋家电、新西兰的斐雪派克以及通电家电，也是通过当地管理人员发挥文化融合作用，根据当地的市场情况来发挥"人单合一双赢"。

2011年，三洋电机在日本和东南亚部分地区的白色家电业务纳入海尔平台，是模式和文化的融合激发了员工更大的潜力，海尔整合三洋白色家电业务后，亏损八年的三洋八个月就止亏为盈。是因为海尔通过引入"人单合一双赢"模式，使团队从原来的"唯尊是从"变为"唯用户是从"。日本企业里根深蒂固的年功序列制被打破，谁能为用户创造更大价值，自身就能实现更大价值。一位年仅35岁的日本员工表现出了为用户创造更大价值的能力，破格当上了部长。这在论资排辈的日本企业中是不可想象的。"人单合一双赢"模式的推进，以及由此形成的机会公平、结果公平的企业文化氛围大大激发了日本员工的创新活力，海尔并购当年即实现止亏。

海尔"企业即人、人即企业"的管理哲学，致力于建立共创共赢的新平台、以诚信为核心竞争力、使攸关方共赢增值的愿景，在全世界得到了普遍认可。2012年，海尔与新西兰国宝级品牌斐雪派克开始用户资源合作模式。在过去3年中，斐雪派克的研发人员增加了1/3，年复合增长率达到74%；在澳大利亚市场，18个月内，斐雪派克的滚筒洗衣机产品从零变成市场占有率第一的品牌；在中国市场，斐雪派克成为中国进口奢侈电器增长最快的品牌；在北美市场，其成为专业的奢侈厨电引领品牌。

3. "世界就是我的研发部"

互联网时代，海尔在"世界就是我的研发部"的理念指导下，探索搭建开放创新模式，把传统的"瀑布式研发"颠覆为"迭代式研发"，海尔建立线上线下融合的开放式创新平台，吸引全球资源和用户参与，形成自驱动的创新生态系统，持续产出颠覆性创新成果。目前，海尔构建了中国、美国、亚洲、欧洲、澳洲五大研发中心，通过内部 1150 名接口人，紧密对接 10 万多家一流资源、120 多万名科学家和工程师，组成一流资源的创新生态圈。每个研发中心都是一个连接器和放大器，可以和当地的创新伙伴合作，形成了一个遍布全球的研发网络。

4. 通过收购打开欧美中高端市场

通过收购来打开欧美中高端市场，对中国企业而言，是最有效的捷径。不只是海尔，2015 年以来，中国家电企业的海外并购明显加速，从过去的以年为周期变为以月为周期，成为行业大势所趋。TCL 买了智能手机品牌 Palm，创维连续拿下德国美滋、Strong、东芝印尼工厂，海信买了夏普北美工厂，美的收购东芝家电、德国机器人制造商库卡公司。在家电行业低迷的情况下，各大企业都在寻求进一步的突破。中国家电产业已经走过了"业务出货"和"产品出海"的阶段，到了"品牌出海"的时候，这意味着中国家电产业发展阶段的全面升级。

案例十八
光明集团收购西班牙米盖尔

2015 年 9 月 30 日，光明食品集团在巴塞罗那宣布对西班牙米盖尔公司的股权并购正式完成交割。此次收购中，光明食品集团全资子公司上海糖酒集团出资 7900 万欧元，股权占比 72%，中国建投集团和民营企业东华通作为战略投资者，占比 28%。这是 2015 年以来中国食品行业在西班牙规模最大的一次海外并购，也是中国大型食品企业首次进入西班牙食品分销流通领域。

一　消费升级带来的市场机遇

2015 年中国的人均 GDP 约 8000 美元，纵观各国经济发展历史经验，人均 GDP 达到 8000 美元后，将会出现消费升级的趋势。随着中国逐渐迈入消费不断升级的时代，中国消费者将不再一味追求低价，而是更加注重产品品质和服务体验，品质生活成为新的需求。在食品领域，则表现为对更高品质、更安全、更健康的食品的需求。

1. 中产阶级消费群体快速扩张

中国中产阶级消费群体在未来 5~10 年仍会保持高速扩张。据估计，中国居民的名义可支配收入总额会在未来十年以 10% 左右的增速快速上升，而来自中上阶层的个人消费增速更快，其消费额在 2020 年将占据城镇总消费的 56%，这一数字在 2012 年仅为 20%。在中高收入人群收入增长的驱动下，中国包装食品市场的规模目前已跃升至全球第二，其市场规模保持 10% 左右的增速，是全球前五大食品需求市场中增速最快的地区。

2. 国产食品优势减退

随着中上阶层消费群体的快速崛起，人们对中高档食品的需求也日益增加，然而国内中高档食品却问题连连。首先，食品质量和食品安全领域近年来问题不断，包括三聚氰胺、"苏丹红""注水肉""地沟油"

等，打击了中产消费群体对国产食品的信心。其次，国内人力与食品原料成本上涨，使国产食品的性价比越来越不占优势，而进口食品的优势日益显著。

3. 中国进口食品规模快速增长

据 WTO 数据，2011 年起我国进口食品农产品贸易总额排名世界第一，已经成为全球第一大食品进口市场。"十二五"期间，中国各地检验检疫机构共检验检疫进口食品 479.1 万批、1.6 亿吨、价值 2203.2 亿美元。五年间，进口食品贸易额增长 22.6%，年均增长率达 5.2%。

在规模增加的同时，进口食品来源地更加国际化，欧洲、北美、澳大利亚、新西兰以及东盟地区已成为中国进口食品的主要供应地。此外，在品种方面，也几乎涵盖了全球各类质优价廉的食品。2014 年，我国进口食品贸易额位列前 10 位的食品种类分别为：乳制品类、油脂及油料类、水产及制品类、肉类、粮谷及制品类、酒类、糖类、饮料类和其他加工食品类及罐头类。其中前 4 种进口食品贸易额约占中国进口食品贸易总额的七成。另外，进口食品占比也在不断增加。"十二五"期间，进口食用植物油、乳粉、肉类、水产品等四类大宗产品进口量分别约占国内供应量的 30%、20%、3% 和 7%，同比占比均有所扩大。五年间，婴幼儿配方乳粉进口量从 2011 年的 5.7 万吨增长至 2015 年的 17.6 万吨。

4. 传统食品进口模式效率低

食品进口有两种模式，一种是传统贸易模式，境内公司顺序经过城市代理商、大区代理商、跨境代理商、境外代理商和境外分销商与生产企业进行对接，并将其食品引入国内，最终提供给终端客户；另外一种是跨境直采，是境内公司直接与境外的采购企业或者生产企业对接，将食品引入国内，然后提供给终端客户。

传统贸易模式是零售商根据消费者口味寻找合适的海外食品，进而寻找该品牌的代理商或洽谈代理权（这中间可能有 1~2 家代理商），随后零售商需要管理进口贸易的税项、贷款等，并安排物流，洽谈上架条款等。结果往往是进口食品上架时，其保质期已经过去大半。这是一种被动式采购模式，程序复杂且缺乏效率。

5. 产业链纵向整合搭建跨境直采平台

当前，以传统贸易模式为代表的品牌食品的进口产业链在纵向及横向上均严重缺乏效率。如果能够对进口食品的产业链进行纵向整合，搭建跨境直采平台，将提高产业链效率，有助于进口食品产业的培育及升级。

跨境直采平台将提升产品优势。一是价格优势。由于跨境直采省掉了境内代理、跨境代理等众多中间环节，境内分销公司可以对消费者直接进行让利，终端价格比传统贸易便宜30%～50%。二是时间优势。跨境直采减少了众多流转环节，极大地节约了时间成本，将食品更新鲜地呈现给消费者，提升竞争力。三是个性化定制优势。由于采购规模庞大，如有需要，境外生产企业可以针对国内消费习惯进行个性化定制生产。在这种情况下，境外直采不仅仅是分销商和物流商，甚至可以主动地对产品进行整合和优化，包括产品选择、品质包装、认证、质检、报关等。

因此，对食品类企业而言，在消费升级的大背景下延伸产业链，通过纵向整合搭建跨境直采平台，将大大降低成本，更好地服务消费者需求。

二 光明收购米盖尔的过程

1. 被收购方

米盖尔公司是全球领先的食品分销批发、品牌运营及供应链管理企业，是西班牙仅次于麦德龙的第二大食品类付现自提分销商，创立于1925年，拥有90年发展历史，旗下拥有63家付现自提门店、6个物流配送中心、500余家零售网点，拥有产品种类超过14000种，销售范围覆盖33个国家和地区，经营项目包括品牌代理、食品分销、进出口贸易以及超市和批发业务。2014 年销售收入约 9 亿欧元。

2. 收购方

光明集团是中国第二大综合食品生产商、销售商。光明集团为上海国企中集现代农业、食品加工制造、食品分销为一体，具有完整食品产业链的综合食品集团。不过与第一大食品商中粮集团不同，光明集团的战略重点与禀赋优势在产业链的中下游，即品牌食品的生产销售、食品分销物流以及食品的零售。光明集团 2014 年营业收入超过 1200 亿元人民币，旗下拥有光明乳业、海博股份、金枫酒业和上海梅林四家上市公司。

光明集团最主要的资产中，益民食品、光明乳业专注于品牌食品的生产与销售，分别是其细分行业的中国领先企业；上海烟业糖酒集团（"上海糖酒"）既有酒、烟、茶等品牌食品，也具有在全国范围内竞争力较强的食品分销、零售网络，包括南浦食品、上海捷强、第一食品连锁以及法国葡萄酒经销商 DIVA 波尔多；农工商超市集团是光明集团专注于零售的华东地区领先大型商超、便利店集团。

整个光明集团在全国拥有超过 3300 家零售门店，65000 家经销商和零售商，200 家烟酒专卖店以及 80000 间销售终端门店。这些零售点集中分布在国内较为富庶的长三角地区，也覆盖华南、华北以及西南重点省区。

光明食品在食品行业的布局得当，特别在食品分销行业具有较强的实力，竞争优势明显。而且，光明食品有实力对接国外的食品来源，也有能力对接国内市场，拥有较好的商业禀赋。

这次收购的主体上海糖酒是光明集团下的食品流通业务平台，其全资或控股拥有南浦食品、农工商超市集团、第一食品、捷强烟酒等在华东乃至全国领先的食品代理、分销及零售业务。

3. 收购过程

2015 年 9 月 30 日，光明集团在巴塞罗那宣布对西班牙米盖尔公司的股权并购正式完成交割，这是 2015 年以来中国食品行业在西班牙规模最大的一次海外并购，也是中国大型食品企业首次进入西班牙食品分销流通领域。

此次收购的投资主体为光明集团全资子公司——上海烟业糖酒集团，收购价为 1.1 亿欧元，收购价折算市盈率为 10 倍。其中，光明集团旗下上海糖酒出资 7900 万欧元，股权占比 72%，其他战略投资者股权占比 28%。

此次收购对光明集团而言非常划算。米盖尔 2015 年的年销售收入大约为 70 亿元人民币，而光明付出的成本是以 5 亿元人民币左右的价格收购其72% 的股权，并可以分享其四季度十几亿元人民币的销售额。

在收购项目的同时，光明集团同步启动了中国市场的协同，次月西班牙产的橄榄油、火腿、糖果饼干巧克力、调味品、葡萄酒等热门食品，都会进入上海，对接中国庞大的消费市场。而这些优质的西班牙食品价格会更为亲民。光明预计当年就能在中国市场实现 9000 万元人民币规模的收入。

另外，在米盖尔项目完成后，光明食品集团会选择一些粮油类品牌在西班牙加工，然后到中国市场销售，同时利用米盖尔在西班牙的渠道在当地销售。由于当地原料较为便宜，因此成本反而可以降低，中国消费者能享受到更便宜的产品。

光明集团此前的几次收购，标的主要是食品生产商，聚焦"资源"；而此次光明集团选择了食品零售商，主要是为了提高光明集团在全球食品市场的分销能力，聚焦"通路"。资源和通路对光明集团而言都非常重要。渠道是食品行业制胜的关键，未来渠道在市场竞争中的作用将更加凸显，光明并购零售商能够获取该公司丰富的渠道资源，推动集团内部渠道整合。

三 案例启示

近年来，光明集团的海外并购举动频繁，截至 2016 年 8 月一共在海外收购了 8 家企业，分别在新西兰、澳大利亚、英国、法国、捷克、意大利、以色列和西班牙 8 个国家，对外直接投资约 160 亿元，海外营业收入约占集团营业收入总额的 20% 左右。其中，光明在 2010 年收购的新西兰新莱特乳业，于 2013 年在新西兰成功上市；其后，光明旗下上海益民食品一厂（集团）成功收购了意大利第二大橄榄油生产商 Salov 集团，而 Salov 集团也是美国和英国最大的进口橄榄油供应商；随后，光明又对以色列最大食品集团特鲁瓦进行收购。

光明集团通过海外并购实现转型升级，集成更多资源对接中国市场。在光明集团的"走出去"战略中，主要聚焦在全球品牌食品集成分销平台，以及资源类、品牌食品制造商。

特别是在食品分销方面，光明集团组建了光明全球食品分销公司（以下简称"光明全球"），将其作为进口品牌食品集成的战略平台。这个战略意图的落脚点在于打通品牌食品的进口环节，向境内大型商超和独立零售商提供一站式进口食品供应链服务。为达到这一战略意图，光明全球需要搭建全球性的品牌食品的采购与物流平台，以及国内的食品分销、物流网络。目前在全球食品集成分销平台的布局上，已经形成了 3 家海外企业鼎立的格局，包括澳大利亚的食品分销企业玛纳森食品集团、法国波尔多地区的葡萄酒经营商 DIVA 以及西班牙米盖尔。光明集团目前已在欧洲储备了 4 个并购标的，此外还将并购区域拓展至美国和东南亚等地。光明集团计划在接下来的 3 ~ 5 年的时间内，在德国、英国、奥地利、美国、东南亚等国家和地区布局，完成全球食品集成分销平台网络的搭建，实现全球食品对接中国市场，同时为中国品牌走向全球打造通路。

首先是打通品牌食品的进口环节。光明集团希望为大型商超、独立零售终端、电商等零售渠道提供一种主动式采购模式，打通进口环节，从境外采购到境内分销、物流，为中高端零售商提供简单、高效的进口食品供应链。凭借其在境外的采购平台和对国民消费习惯的了解，光明全球能够主动为零售商提供合适的产品品类组合建议，并为零售商组织境外采购及物流、进口程序和境内分销及物流。整个流程变被动为主动，进口分销效率将大幅提高，同时成本将大幅降低。

其次，利用全球化的本地食品采购网络提升竞争力。目前，进口食品的竞争愈发激烈。多元化、差异化的进口快消品牌是中高档商超及独立零售商的核心竞争力之一。光明全球通过在北美、欧洲、澳新等地区收购成熟的食品分销商，建立本地化的品牌食品采购网络。本地化的采购网络能够深入接触到更为广泛的当地品牌食品，为境内的零售客户提供更为多元化、差异化的进口品牌食品选择。另外，本地化的食品分销商大多数为具有较强竞争力的自有品牌。自有品牌可以更好地控制上游生产的质量与成本，为国内零售客户提供更优性价比的选择。

最后，光明全球希望打造全国最庞大的进口食品的品牌组合，借此规模效应，进一步降低成本。一方面是通过收购成熟的食品分销商，快速建立品类庞大、齐全的品牌组合，形成较高的谈判能力，进而以更低的成本从生产商采购；另一方面是整合产业链、组建全球性采购网络，扩大进口规模和采购量，进一步降低采购成本，从而具备较高的竞争力。

在并购后管理方面，光明收购的8家企业运行平稳，经营现金良好，能够达成董事会每年下达的财务预算，也正在形成与中国市场的协调发展。另外，光明集团也在大力推动并逐步实现海外资产的证券化。光明集团海外资产证券化的方式，一方面是利用现有的光明乳业、海博股份、金枫酒业、上海梅林等国内上市公司平台，将与上市公司主业匹配的资产注入上市公司。例如，光明乳业从母公司光明集团手中收购其所持有的以色列乳企特鲁瓦的全部股权。另一方面则对接海外资本市场，推动海外收购资产的独立上市，加快集团的国际化战略布局。例如，光明乳业于 2010 年以 8200 万新西兰元收购新莱特 51% 的股权，2013 年新莱特在新西兰上市。另外，光明集团已经启动了玛纳森、维多麦等海外公司的境外上市工作。若玛纳森、维多麦等海外资产逐步上市，集团证券化率预计将从 2013 年底的 25% 提升至接近 40%，未来 3~5 年光明集团的经营性资产证券化率将提升至 50% 以上。

中国企业正在逐步从"世界品牌、中国制造"向"中国品牌、世界制造"转型，将全世界的优质资源合理分配，实现中国品牌全球制造、全球分销的体系，让中国的产品和全球市场对接。

案例十九
中国平安收购富通集团

2007 年末，中国平安保险股份有限公司通过子公司中国平安人寿保险股份有限公司从二级市场直接购买欧洲富通集团 4.99% 的股份，成为富通集团第一大单一股东。遗憾的是，之后金融危机爆发，至 2008 年 10 月 29 日收市，富通在阿姆斯特丹市场上的价格仅为 0.83 欧元。中国平安 238 亿元的投资，已消失 95% 之多，浮亏额达到 200 多亿元人民币。

一　平安收购富通的交易全景

1. 收购双方

收购方中国平安保险（集团）股份有限公司，是中国第一家以保险为核心，集证券、信托、银行、资产管理、企业年金等多元金融业务为一体的综合金融服务集团。公司成立于 1988 年，总部位于深圳。中国平安以保险、银行、投资三大业务为支柱，谋求企业的长期、稳定、健康发展。

被收购方富通集团 Fortis Group 是国际保险公司，拥有超过 180 年的丰富的保险业务经验，原本主要基地在荷兰，以保险业务为主，收购比利时通用银行及其他银行后，成为欧洲较有影响力的金融机构，业务也扩展至全球，范围包括保险、银行和投资。2007 年收购荷兰银行部分业务后成为欧洲最大的金融机构之一，旗下设有四个分部：比利时、英国、欧洲和亚洲，并透过全资拥有附属公司及与各地强大的金融机构结成伙伴关系，服务全球客户，旗下富通基金管理公司是欧洲十大基金管理公司之一，在美洲、欧洲和亚洲共设有 5 个投资中心，拥有 200 多位投资专家。

2. 收购过程

2007 年 11 月 27 日，中国平安保险股份有限公司通过子公司中国平安人寿保险股份有限公司斥资约 18.1 亿欧元从二级市场直接购买欧洲富通集团 9501 万股股份，约合富通总股本的 4.18%，后又增持至 4.99%，成为富通集团第一大单一股东。这一收购名噪一时，它不仅意味着中国保险公司首度投资全球性金融机构，也可能成为中国保险机构保险资金创新运用的经典案例。

彼时的平安看到的是收购富通后的美好前景。荷兰－比利时富通集团由此进入了平安的视线。富通集团是一家业务涵盖保险、银行和资产管理的金融服务企业，在欧洲享有盛名。据摩根大通测算，富通成立 17 年来，平均分红率超过 6.5%。如果这一业绩能够长期持续，投资富通无疑将收益可观。同时，中国平安投资富通，也将获得涵盖保险、银行与资产管理三大金融领域的先进经验，其打造跨国金融巨头的梦想指日可待。中国平安从 2006 年底便开始接触富通集团，考察期长达 1 年，对富通给出了积极的评价。此外，当时的富通股价已经从 40 欧元降至 19 欧元左右，是一个 1.1 倍市净率、5 倍市盈率的公司。相比当时国内银行股 3~5 倍的市净率、约 20 倍的市盈率，从技术分析来看，投资富通"安全"且"理性"。

但事实上，平安以为的"天时地利人和"恰恰为"天不时地不利人不和"。宏观背景下，当时美国次贷危机尚未结束，市场仍有对其"愈演愈烈"的预期。在这种情况下，2007 年 10 月，富通集团联合苏格兰皇家银行、西班牙国际银行以 700 多亿欧元收购荷兰银行，其中，富通集团出资 240 亿欧元购买荷兰银行在荷兰的商业银行、私人银行和资产管理业务，这笔投资相当于其 2007 年全年利润的 6 倍。由于该款项主要以现金支付，从而给富通集团造成较大的资金负担。为支付这一收购，富通调动了各种财务资源，其中包括发行认股权、可转换次级混合证券、出售非核心资产以及发行资产证券化产品等多种方式。而富通的 130 亿欧元股票增发很快招致股民对其承载能力的质疑，股价走向下滑。

交易达成后不久，次贷危机深化，富通的股价不断下跌，财务状况也日益恶化。维持资本充足率、偿付能力充足率、信用评级等多重指标的压力不断增加，以至于富通要在短短几个月中多次融资充实其资本金。2008年5月，富通宣布受次贷影响，其净收入已从2007年的11.7亿欧元下滑至8.08亿欧元，下跌31%。

2008年6月26日，为了保证现金流，富通宣布进行83亿欧元的增发，以改善目前的偿付能力。但事与愿违，最新的融资消息一经宣布，市场担心加剧，富通股价连受重挫。而就在这种情况下，平安为保大股东地位，竟然不顾风险再次斥资7500万欧元，购买了其增发股票的5%。至此，中国平安持有富通1.21亿股，总投资成本高达238.7亿元人民币。

富通和平安的努力化为泡影。2008年9月16日，伦敦银行间美元隔夜拆解利率大幅飙升至6.44%，出于对富通财务状况的担心，所有银行将富通拒之门外。之后，富通股票在一周内跌至5.2欧元，资金链随时可能断裂。

雪上加霜的是，富通在出售荷兰银行的资产上又遭遇了阻碍。当初富通高价获取的荷兰银行业务，如今已经身价大跌。富通曾在一份公告中表示，如果荷兰银行的售价低于120亿欧元，就可能对公司的核心权益造成不利影响。但根据路透社的报道，很多分析师都认为，市场对这一业务的报价只在70亿~100亿欧元。

即使这样，最有可能收购该业务的潜在买家ING在审视市场形势后，还是"打了退堂鼓"，宣布放弃。

这还不是最糟糕的。接下来迎接中国平安的是一系列政治打击。2008年9月29日，比利时、荷兰及卢森堡政府在宣布联合出资112亿欧元持有富通集团下属富通银行49%的股权，以避免富通破产。中国平安对此发表声明表示欢迎。但是，出乎中国平安意料的是，在几天后的10月3日、6日，荷兰政府、比利时政府及法国巴黎银行未经富通股东的投票擅自分拆了富通旗下的部分业务：荷兰政府以168亿欧元收购富通银行的全部荷兰业务，包括富通集团此前收购的荷兰银行业务及富通集团荷兰保险业务；比利时政府以 47 亿欧元现金收购了剩余（除荷兰业务以外）富通银行 50% 加 1 股的股权；法国巴黎银行以 57.3 亿欧元收购富通保险比利时业务 100% 的股权。这一系列交易后，富通集团的资产就只有国际保险业务、结构化信用资产组合 66% 的股权以及现金。大名鼎鼎的富通集团就由被誉为"银保双头鹰"的国际知名企业解体为一家国际保险公司，其盈利潜力一下子"从天上掉到地上"。在富通集团国有化的过程中，比利时政府与荷兰政府既没有征求富通股东的意见，也没有取得富通董事会的正式授权，而是一手包办，逼着富通董事会签字。中国平安作为最大单一股东，权益遭到全盘漠视和侵害，以致血本无归。此外，分拆富通集团后，比利时政府通过将富通银行业务出售给法国巴黎银行，赚取了数十亿美元的差价，但只补偿了欧盟境内的股东，而完全无视中国平安的利益。比利时作为欧盟成员国之一，对境外投资者权益的侵害行为有违国际法，对此事件的处理已经上升到政治层面。尽管当地时间 2008 年 12 月 12 日，比利时上诉法院暂停了国有化的方案并要求富通进行股东大会表决，但平安的投资巨亏，已是不争的事实。

至 2008 年 10 月 29 日收市，富通在阿姆斯特丹市场上的价格仅为 0.83 欧元。中国平安 238 亿元的投资，已消失 95% 之多，浮亏额达到 200 多亿元人民币。

不幸中的万幸是 2008 年 3 月，富通和平安曾签署建立全球资产管理合作伙伴关系谅解备忘录，平安拟以 21.5 亿欧元（约合 240.2 亿元人民币）收购富通旗下资产管理公司 50% 的股权。4 月 2 日，双方达成合资协议。由于监管部门审批拖延，富通态势恶化后，平安得以取消了对富通资产管理公司 50% 权益的收购。否则，平安可能输得更惨。

遗憾的是，平安通过各种渠道与比利时政府进行长达数年的索赔、诉讼与仲裁，却一直没有得到比利时政府的补偿。

二　平安收购富通的动因

1. 符合平安的战略

1995 年起，中国平安就注意到国际金融业的流行趋势是由昔日的分业走向混业，各国的金融保险业都在降低成本、提高效率和提高国际竞争力的压力下，通过集团控股的组织模式实行分业经营和专业化管理。

随后，转型中的中国平安向监管部门提交的方案是集团控股模式，即一家集团公司（或控股公司）全资拥有（或控股）产、寿险子公司和投资子公司，由集团公司对业务、财务、投资、人事、计划和风险内控等重大决策进行统一管理的分业模式。

为了迅速和国际保险业接轨，中国平安开始了国际化进程中的摸索。在此次投资富通之前，中国平安投资约 11 亿港元参与了中国香港惠理集团的公开发行，惠理基金是中国香港一家主要投资于高增长大中华股市的基金，管理的资产规模超过 50 亿美元，旗下共有 5 支基金，主要投资于 A 股、B 股和 H 股。中国平安购买了该公司 1.44 亿股，占惠理集团发行后 9% 的股份。平安在此笔投资的浮盈为 8900 万港元。这也让中国平安尝到了甜头，并把富通银行列入收购名单。

作为欧洲前 15 大金融机构之一，富通集团确实是中国平安学习的榜样，这家公司以银行和保险业务为主，在业内被称为"银保双头鹰"，而其投资管理公司在与前荷银资产管理业务合并后，拥有 2450 亿欧元的管理资产，这些让一直寻求打造保险、银行和资产管理三大核心业务的中国平安颇为欣赏。彼时中国平安的主要收入来源仍以保险为主，银行业务虽然有利润贡献，但占整体利润的比重有限，资产管理对平安来说更是全新的开始，因此投资富通集团及富通投资管理公司，既可以获得投资收益，也能够获得管理技术，加速实现平安的金融集团之梦。

特别是，自 2007 年 4 月 10 日创出 29.58 欧元的股价新高以来，因次级债问题富通股价已连续四个月下跌，这也为中国平安提供了降低并购的绝佳机会。

因此，平安不仅计划入股富通集团，还与富通集团达成了以 20 亿欧元成立合资资产管理公司的协议，希望投资富通能让平安近距离学习富通银行、保险、资产管理三驾马车的业务框架。当时平安集团董事长马明哲相信与富通集团的合作完全符合平安的财务投资和长期发展战略，在带来良好的财务回报和稳定现金流的同时，能让中国平安充分分享富通及前荷兰银行悠久的品牌价值、全球领先的管理经验和多元化产品技术，以最高效的方式建立全球投资能力，与国际市场直接接轨，大大缩短与国际一流同业的差距。而且收购富通资产管理公司可以无偿获得其资产管理的技术，中国平安借用这种方式可以达到建立银保合作的目的，以获得宽松的投资环境。平安认为这是一次非常难得且稳健的投资机会，对中国保险行业具有"里程碑式"的重大意义，将帮助中国平安推动保险资金的创新运用，成为中国平安新的利润增长点。

2. 获取海外资源

在收购富通时，中国平安已积累了 300 多亿元的保单，其平均利息高达 7%，这要求平安寻找更高的收益匹配；而且整个保险市场进入成熟期后，保费增长放缓所带来的现金流放缓，也要求平安必须寻求更稳定、更长期的投资收益。

中国平安积极开拓国际市场，想以海外市场来获得更多资源、更多收益，并且还想借海外市场更大范围地分散风险，获得长期稳定收益。

相比之下，富通资产价格比较合适（当时的分析），同时与平安主营业务相关并且可以产生协同效应，具有良好的业务增长和回报前景。一方面，中国平安来自货币资金、可观的保费收入和投资收益急剧膨胀的总资产，必须找到合适的投资对象，其拥有的总资产5%的浮动外汇投资额度——相当于300多亿元——也可谓"弹药"充足；另一方面，美国的次贷危机所引发的国际金融市场动荡似乎提供了绝佳的投资机遇。

三　平安收购失败的原因

当欧美企业纷纷卷入2008年金融危机而股价大幅度下挫之时，国内投资者看到的是低廉的成本会在未来产生高额的收益，却忽略了即使低廉的成本也存在风险这一事实。在此次平安投资富通的过程中，平安似乎更加关注的是此项投资后能够获得的利益而忽略了其中存在的风险。

平安收购富通失败，对保险资金投资乃至中国企业境外投资而言，都是有警示意义的。中国企业到海外投资要采取各种措施，防范和化解非商业风险，投资之前要做好国别风险评估；要与当地各党派、非政府组织、媒体、社区处理好关系；可以就征收、政府违约、战乱等非商业风险投保；通过适当的投资者国籍筹划和投资路径规划，获得更高水平的投资协定的保护。

1. 平安面临的风险

（1）政治风险

平安集团在投资富通集团时没有认识到投资过程中可能面临的政治风险，而在实际过程中，不管是比利时、荷兰、卢森堡三国政府对富通的强制国有化还是重组后的盈利与补偿，平安集团都被排除在外，这属于投资过程中可能出现的具有不公平待遇的政治风险，平安也因此遭受巨大损失。

（2）市场风险

平安集团投资富通正值金融危机爆发之初，富通股价下跌，平安集团认为这是抄底购买的机遇，盲目下手，大手笔投资，没有正确评估市场风险，对次贷危机的影响估计不足，从而导致在金融危机不断深化之后，富通的股价仍不断下跌，最后被迫破产重组，接受政府救济。而平安集团在此过程中也被迫产生巨亏。

中国平安错误判断了投资时机。全球次贷危机并未真正消除，海外市场仍存在继续恶化的可能，尽管价格已为当期低点，却未必表明金融资产的价格已经"触底"。在危机持续恶化中，未来债务负担的不确定性加大。

（3）战略风险

平安集团一直寻求打造保险、银行和资产管理三大核心业务以实现其金融集团的战略梦想。投资富通看似与平安的战略一致，但平安却忽视了当时自身的实力，对富通的投资属于战略实施过程中的偏激行为，忽视了投资过程中存在的风险。

中国平安存在以下问题：一是中国平安在收购富通集团之前没有认真评估战略风险，在金融危机影响范围扩大、程度加深、资产贬值的背景下，中国平安"抄底"实施"走出去"战略，对战略风险未进行有效评估或者评估欠准确；二是平安集团缺乏海外投资经验，在投资富通的过程中公司管理人员与风险评估人员对整个金融市场环境的认识不足；三是在收购富通集团之前中国平安没有切实履行决策程序；四是中国平安缺乏对并购决策实施过程的监控，从而在富通已经暴露出相当大的风险、平安已经获得大股东地位后仍然第三次买入富通，极大地低估了金融危机所造成的系统性风险。

（4）信息不对称风险

据比利时《晚报》披露，富通集团在2007年9月决定出资134亿欧元并购荷兰银行之际，有意隐瞒了其持有的美国次级债券的具体情况以及对其财务造成的潜在影响。截至2007年8月底，富通共持有57.15亿欧元的债务抵押债券（CDO），随着美国次贷危机的加深，富通集团内部此时已经承认，这批债券投资的亏损额约占总投资的10%。然而2007年9月21

日富通集团的公报声称，次贷危机对其财务影响有限。直到 2007 年 11 月 8 日富通集团发表第三季度财务报告时才对外宣告，其债务抵押债券的亏损额约为 4 亿欧元。也就是说，平安收购富通时，富通隐含着财务上的巨大亏空，正面临前所未有的危机，而平安对此却毫不知情。

2. 富通面临的风险

（1）经营风险

2001 年前的富通，着力打造"银保结合"的"双头鹰"发展模式，在着力发展保险业以外，选择有特色、能够提供差异化服务的银行作为并购对象，因此获得了较好的利润率。而在银行业务逐渐步入轨道后，富通开始仅以利润为导向，抛弃保险本业而追逐自己并不精通的银行业，因此再也无法获得以前的利润率了。富通银行业务的资产收益率逐年下降，特别是商业银行业务，在 2005 年至 2007 年的三年里以每年 10% 的速度递减。

（2）流动性风险

2006 年至 2007 年，富通银行吸收大量同业资金经营非存款业务，导致账面现金不足，存在很大的流动性风险。投资荷兰银行是导致富通被资本市场抛弃的直接原因。为收购荷兰银行，富通支付了大部分现金，陷入流动性困境。

（3）偿债能力风险

2006 年，富通银行的资本充足率仅为 2.37%，远低于巴塞尔协议规定的 8%，在收购荷兰银行后，其核心资本充足率也降至 4%，未能达到承诺的 6%。突如其来的金融危机，使富通银行资本缺口进一步扩大，并引发市场恐慌。

四　案例启示

在金融危机还没有消退的情况下，中国企业如何更加理性地制定自己的海外扩张战略？在中资企业海外并购日益火爆的今天，中国企业应该学会选择，而不是盲目出击。尤其是并购保险公司这一"看起来很美"的领域，也许蕴含着极大的风险。

1. 对外投资要准确评估投资对象所在国可能面临的各种风险，尤其要重视对象国的政治风险，并积极应对

同时，还要正确认识整个行业市场在长期、短期所面临的市场风险，合理评估市场可能存在的变数与不确定性因素。

2. 要建立并购全面风险管理体系

在贯彻实施企业战略的过程中，要正确评估企业的战略阶段，不能做出超出企业实际能力的偏激行为。要提高企业管理人员的风险辨识能力与风险应对能力，加强对风险认识及经验方面的学习。

3. 要学会选用中介机构进行尽职调查和评估

企业在并购前应通过各种渠道，比如选聘有经验的中介机构进行尽职调查，对被并购企业的信息进行核实，以降低并购过程中的信息不对称风险。对跨国并购要从经营、财务、法律三个方面对外部经济环境和内部企业条件进行全面调查和研究，充分了解相关市场信息和法律法规，了解目标企业真实的经营业绩和财务状况以及目标企业面临的潜在风险，以确保跨国并购项目的成功。

参考文献

［1］ 罗兰贝格：《中国专车市场分析报告》，研究报告，2016 年 1 月。

［2］ 滴滴媒体研究院、第一财经商业数据中心、无界智库：《中国智能出行 2015 大数据报告》。

［3］ 卢晓明：《滴滴与 Uber 的这三年：战也资本和也资本》，2016 年 8 月 1 日，http：//36kr. com/p/5050393. html。

［4］ 企鹅智酷：《收益报告：滴滴从 Uber 拿到了多少白领与用户？》，2016 年 8 月 2 日，http：//mp. weixin. qq. com/s？＿＿biz＝MzA5NDMxMTAyMg＝＝&mid＝2650244712&idx＝1&sn＝4e6913ee67dec6666521acfd1d8f88cd#rd。

［5］ 投资界：《确认！滴滴出行宣布收购 Uber 中国投资人阿尔卑斯山上举杯相庆》，2016 年 8 月 1 日，http：//pe. pedaily. cn/201608/20160801400768_all. shtml#p2。

［6］ 李碧雯：《别了，靳海涛》，《中国企业家》2015 年 17 期。

［7］ 方兴科技：《安徽方兴科技股份有限公司发行股份及支付现金购买资产报告书（修订稿）》，上市公司公告，2015 年 11 月。

［8］ Hotashang：《解析分众传媒私有化方案》，2013 年 1 月 5 日，https：//xueqiu. com/7062290132/22756577。

［9］ 沈军、戴凌云、刘涛：《解读分众传媒：一个红筹回归大型样本 从私有化到借壳上市全过程》，2015 年 10 月 7 日，http：//mt. sohu. com/20151007/n422671732. shtml。

［10］ 易观智库：《中国互联网生活服务市场专题研究报告——生活服务平台盘点 2015》，2016 年 3 月，http：//www. analysys. cn/view/report/detail. html？columnId＝8&articleId＝18457。

［11］ 刘旷：《五大 O2O 合并，看他们整合后的杀伤力》，2016 年 1 月 21 日，http：//liukuang. baijia. baidu. com/article/304116。

［14］ 张伟华：《海外并购交易全程实务指南与案例评析》。

［15］ 中国建投投资研究院：《投资新视野 I：智能制造》，社会科学文献

出版社，2016 年 9 月。

[16] 金宇微：《中芯国际》，深圳金宇研究报告，2015 年 4 月 23 日，http：//
blog. sina. com. cn/s/blog_ 136fd19980102vwv4. html。

[17] 知乎：《为什么顺丰要引入招商局、中信资本等?》，2016 年 10 月 20
日，https：//www. zhihu. com/question/21506181。

[18] 南都新闻：《圆通夺得快递业上市头筹——快递公司蜂拥登陆资本市
场，进入升级阶段再投资期》，《南方都市报》，2016 年 10 月 21 日。

[19] 王申：《快递江湖中的桐庐帮：从哪儿来? 又到哪儿去?》，"JIC 投资观
察"微信公众号，2015 年 12 月 8 日，http：//mp. weixin. qq. com/s?＿＿
biz ＝ MzA4ODA1OTMxNw ＝ ＝ &mid ＝ 400972316&idx ＝ 1&sn ＝
c8bb9db7745c79ab3e6a7a4ee148fb3a#rd。

[22] 高湛诗琪等，《中国万达集团并购美国传奇影业效应分析》，《投资与
合作》2016 年第 7 期。

[23] 刘锟发：《揭底世界一流投资集团复星是如何练成的》，搜狐公众平
台，2015 年 12 月 10 日。

[24] 陈宝亮：《紫光赴美二次折戟：CFIUS 审查中国资本趋严》，《21 世
纪经济报道》，2016 年 2 月 25 日。

[25] 杨广科：《从 99 欧元到 2999 欧元 解读海尔海外"三步走"战略》，
中国山东网青岛频道，2016 年 6 月 2 日。

[26] 张曼婕等：《公立医院搭建中间结构改制的实践与探讨》，《现代医院
管理》2016 年 4 月。

[27] 刘涌、徐珺：《中信医疗两步改制公立医院 珠三角尝试区域化产业
运营》，《21 世纪经济报道》，2014 年 9 月 12 日。

[28] 欧阳志成：《中石化混合所有制改革运作模式及其借鉴意义》，《中外
企业家》2014 年 11 月。

[29] 大成企业研究院：《民企参与混合所有制改革案例分析》，《中国民

商》2015 年 12 月。

[30] 孙玉美：《中国私募股权投资的现状与发展初探》，《特区经济》
2010 年 5 月。

[31] 王颖：《私募股权投资：现状、机遇与发展建议》，《理论探索》
2010 年第 6 期。

[32] 高杰：《中国私募股权投资基金：现状、问题与对策建议》，《福建论
坛·人文社会科学版》2012 年第 3 期。

[33] 张兴巍：《我国私募股权投资市场发展的问题与对策》，《经济纵横》
2013 年第 8 期。

[34] 周秀娟等：《中国平安并购上海家化的财务整合绩效研究》，《商场现
代化》2014 年第 30 期。

[35] 关键：《中国平安收购上海家化的研究》，《商》2015 年 7 月。

[36] 李杨：《方兴东：2009 再战江湖》，《上海信息化》2009 年 7 期。

[37] 晓晨：《方兴东：凭什么"圈"来 1000 万美金?》，《资本市场》
2005 年 8 期。

[38] 薛芳：《方兴东：远去的博客江湖》，《名人传记（财富人物)》，
2011 年 8 期。

[39] 链家：《链家干掉链家》，中国企业家网，2015 年 5 月 25 日，http：//
www. iceo. com. cn/com2013/2015/0525/299323. shtml。

[40] 毛琳、Michael：《链家全解剖：必须佩服、也必须警惕的巨无霸》，
2015 年 12 月 21 日，http：//maolin. baijia. baidu. com/article/270098。

[41] 冉孟顺：《华为港湾：任正非李一男从师生到对手》，《南方周末》，
2005 年 9 月 22 日。

[42] 程苓峰、王晶：《网络江湖三十六计》，经济日报出版社，2009 年 6
月。

后　记

近年来，中国股权投资如雨后春笋般蓬勃发展，不仅涌现出了很多的专业投资机构，而且投资的模式也层出不穷，不仅在国内开展股权投资，而且还积极拓展海外市场，尤其是在"一带一路"倡议的引领下，中国企业积极"走出去"开展国际产能合作，在支持沿线国家经济发展的同时，加快我国与这些国家之间的经济融合，形成新的长期增长动力。

中国建投就是这样一家以股权投资为主业的综合性投资集团。公司自2005 年成立以来，以推动技术进步、促进产业升级、建设文化强国、服务消费升级、助力民生改善为使命，致力于为股东创造长期稳定可持续的资本回报，履行国有企业的社会责任。中国建投投资研究院是中国建投的直属机构。研究院以创办投资研究领域的专业智库为宗旨，立足企业，面向社会，重点围绕宏观经济、金融投资领域的热点问题，组织开展理论与应用研究，搭建学术交流平台，推出优秀研究成果，致力于为投资人提供严谨、专业的研究服务。

为深入分析股权投资业务的发展规律，更好地履行国有企业的责任，为社会贡献才智，中国建投投资研究院对近年来我国直接股权投资领域的投资案例进行了较全面的梳理。研究院总共收集了具有代表性的一百多个股权投资案例，回顾了每一个案例的投资过程和投资方案，总结了经验教训和启示借鉴。随后，又对这一百多个案例进行深入的分析，根据股权投资的阶段和模式，从中选取了十九个典型案例进行解剖，最终形成了本书。

按照投资的不同阶段和模式，我们将这些案例分为：创新与成长、改制与改革、重组与合并以及海外收购四大类。每一类案例列一章，每章由四到六个案例组成。这些投资案例既有国内投资，也有海外投资；既有成功的，也有失败的。他山之石可以攻玉。我们希望通过分析总结这些典型案例，能有助于促进我国股权投资事业大发展，同时也为股权投资机构提供参考。

本书在编写过程中，得到了中国建投集团领导的悉心指导，同时也得到了中国建投集团所属投资平台的大力支持，在此表示衷心感谢！在本书的编写过程中，我们也参考了很多新闻报道和已公开出版的资料、数据及图表等，无法一一罗列，在此一并表示谢意！由于编者水平和时间有限，对实际投资情况缺乏深入的调研和了解，书中不当不妥甚至是错误之处在所难免，请专家读者批评指正，不吝赐教！

编　者

2017 年 7 月

图书在版编目（CIP）数据

挖掘价值：中国直接股权投资案例／中国建银投资
有限责任公司投资研究院主编. －－北京：社会科学文献
出版社，2017.10
（中国建投研究丛书. 案例系列）
ISBN 978 - 7 - 5201 - 1293 - 2

Ⅰ. ①挖…　Ⅱ. ①中…　Ⅲ. ①股权 - 投资基金 - 案例
- 中国　Ⅳ. ①F832. 51

中国版本图书馆 CIP 数据核字（2017）第 210678 号

中国建投研究丛书·案例系列

挖掘价值

——中国直接股权投资案例

主　　编／中国建银投资有限责任公司投资研究院

出 版 人／谢寿光
项目统筹／王婧怡　许秀江
责任编辑／王婧怡

出　　版／社会科学文献出版社·经济与管理分社（010）59367226
　　　　　地址：北京市北三环中路甲 29 号院华龙大厦　邮编：100029
　　　　　网址：www. ssap. com. cn
发　　行／市场营销中心（010）59367081　59367018
印　　装／三河市尚艺印装有限公司

规　　格／开　本：787mm × 1092mm　1/16
　　　　　印　张：16.5　字　数：188 千字
版　　次／2017 年 10 月第 1 版　2017 年 10 月第 1 次印刷
书　　号／ISBN 978 - 7 - 5201 - 1293 - 2
定　　价／89.00 元

本书如有印装质量问题，请与读者服务中心（010 - 59367028）联系